靖國神社

與中日生死觀

靖國神社

與中日生死觀

張石 著

南粵出版社

責任編輯　趙　江

書籍設計　陳嬋君

書　　名　**靖國神社與中日生死觀**

著　　者　張石

出　　版　南粵出版社

　　　　　香港北角英皇道 499 號北角工業大廈 20 樓

　　　　　SOUTH CHINA PRESS

　　　　　20/F., North Point Industrial Building,

　　　　　499 King's Road, North Point, Hong Kong

香港發行　香港聯合書刊物流有限公司

　　　　　香港新界大埔汀麗路 36 號 3 字樓

印　　刷　陽光印刷製本廠

　　　　　香港柴灣安業街 3 號 6 字樓

版　　次　2015 年 3 月香港第一版第一次印刷

規　　格　特 16 開（150× 220 mm）320 面

國際書號　ISBN 978-962-04-3751-9

　　　　　© 2015 South China Press

　　　　　Published & Printed in Hong Kong

目錄

前 言

2013 年 12 月 26 日午前 11 時 30 分剛過，晴朗的天空中被一片片灰暗的烏雲遮蓋，位於東京千代田區九段北的靖國神社前擠滿了日本媒體和外國媒體的記者們，攝影記者紛紛站在金屬小梯子上，緊張地拿着相機等待，各個媒體派出的高空攝影直升飛機在靖國神社上空盤旋。

這時，一隊黑色轎車隊駛進靖國神社巨大的鳥居¹，來到靖國神社正殿前，從一輛轎車中走出了身着晚禮服的現任日本總理大臣安倍晉三，他在身着白袍的靖國神社神官的帶領下，用「二禮二拍手再一禮」的正規神道的形式，參拜了靖國神社，然後以「內閣總理大臣安倍晉三」的名義獻花並奉納供奉了祭品「玉串」²的費用。

同時他也參拜了靖國神社本殿旁邊樹林裡的「鎮靈社」，那是一個十平方米左右的極小的神社，屋頂與本殿一樣都是淺綠色，鎮靈社前面立着這樣一個標牌，介紹了鎮靈社的由來：「為了對因明治維新以來的戰爭和事變而死去，但未供奉在靖國神社內的人們進行慰靈，昭和四十年（1965 年）7 月建立，同時還供

奉着世界各國的戰死者。例行祭日為 7 月 13 日。」

日本戰後共有 15 位首相參拜了靖國神社，但是在參拜的同時也參拜鎮靈社的首相僅有安倍晉三一人。

安倍這次參拜是 2006 年 8 月小泉純一郎參拜以來，相距七年四個月日本首相的再次參拜。

安倍在參拜後所發表的談話中說：「本日，我參拜了靖國神社，對為國而戰，犧牲了尊貴生命的英靈們，獻上了誠摯的哀悼與尊崇之念，請英靈們安息並為他們祈禱冥福。同時，我也參拜了祭奠在戰爭中而亡，但沒有合祀在靖國神社的國內及諸外國的人們的鎮靈社。」

他對記者們說：「為了向為日本獻出了生命的英靈表示尊崇之意，我向神靈們合掌，請他們安息。」在談到為什麼選擇這一天參拜時，安倍說：「從安倍政權開始到現在已經一年了，我來這裡報告安倍政權一年所走過的道路，並要傳達我們的決心，就是打造一個絕不允許戰爭的慘禍再度讓人們經歷苦難的時代，因此選擇了這樣的日子。」「我絲毫沒有傷害中韓人民感情的意思。」「今後還將謙虛地秉承誠意加以說明，謀求與中韓的對話。」

但是他的參拜仍遭到了來自中韓等國的強烈抗議和批判。中國駐日本大使程永華和韓國駐日本大使李炳琪分別在 12 月 26 日下午來到日本外務省表示抗議，甚至對日本首相參拜靖國神社從不置喙的美國，也通過駐日大使館發表聲明說：日本雖然是美國重要的同盟國，但是對於日本領導人採取使鄰國緊張的關係更加

惡化的行為，美國政府感到失望。

中國人和韓國人對安倍的參拜都非常憤怒，人們憤怒的原因是：為什麼日本首相總要參拜供奉有甲級戰犯的靖國神社，這不是往被侵略的人們心中灑鹽嗎？

但是日本人的看法卻截然不同，日本雅虎對於安倍晉三參拜靖國神社是否妥當進行了網絡調查，12 月 26 日有 13 萬人參加調查，結果有 84.1% 的人認為其行為妥當，而日本人的理由是：哪個國家都對為國犧牲的人們進行祭奠。更有人說：按照日本的傳統，人死了以後就是佛，就是神，無論生前做了什麼事，都要供養和祭奠。

如果我們再來看看這次安倍的參拜，也會發現一個難以解釋的矛盾，那就是他既參拜了供奉着包括甲級戰犯在內的二百四十多萬日本戰死者的靖國神社本殿，也參拜了供奉着包括在日本發動的侵略戰爭中死去的世界各國戰死者在內的鎮靈社。他究竟是在參拜誰？是在參拜加害者還是在參拜被害者？

2009 年 8 月 8 日，在東京上野公園水上音樂堂，中、日、韓三國人士舉行了「2009 讓和平之燈走向靖國之黑暗燭光行動」，在集會上，來自台灣的原住民後代的兩姐妹訴說了她們的三位叔公在戰爭中被強徵入伍，並死在了戰場上，現在兩位叔公被供奉在靖國神社。她們表示：黑天和白天不能共存，受害者和加害者不能在一起供奉，她們要求靖國神社歸還她們兩位叔公之靈，不要在靖國神社供奉。

但是從 2002 年以來，靖國神社一直拒絕台灣原住民「討還祖靈」的要求，他們表示：「聖靈並不是單一的。」

　　為什麼任時光流逝，任歲月消磨，圍繞着靖國神社，日本人和被侵略的亞洲各國人民仍有如此厚重的隔膜和如此深不可測的鴻溝？

　　這是歷史問題還是現實問題？是政治爭執還是文明的衝突？現在，靖國神社成為了一個極其複雜的「世界性符號」，它所象徵的內容在各個民族、各個國家站在各自立場的不同解讀中變得無限複雜。它源於日本的神道傳統，又脫離這個傳統；它本是戰死之靈安息的殿宇，卻又每年都傳出讚美戰爭的雄叫；它是現代日本奠基志士們的歸鄉，也是給亞洲億萬人民帶來慘禍的侵略者的陵苑。它高聳入雲的鳥居，凝結着日本人鄉愁、敬仰與哀怨；也牽動着亞洲人民恐懼、憤怒與驚愕，千百萬日本百姓的誠惶誠恐的敬禮，觸動着亞洲被侵略人民心中將癒未癒的傷痛；身居高位的閣僚畢恭畢敬的參拜，刺痛着曾在日軍的鐵蹄下體無完膚的自尊。

　　它是一個矛盾，一種糾結，一則隱喻，一段歷史。以中國為首的各國人民的抗議、怒吼、遊行，都沒能阻止日本人對它的崇敬與參拜，年年月月，絡繹不絕，而它所無限演繹的，不只是國家與國家，政府與政府，媒體與媒體的對立，從最深的低層探究，它所包含的最基本的因素，是中日、日韓文明的衝突，文化的糾結。

雖然人們常說：中日同文同種，但是從本質上來說，中日無論從自然觀、歷史觀、生死觀、世界觀和價值觀上來說，都是兩種異質的文化。

　　文化，是不同的民族和地區的人們適應自然的手段，由於地理環境和自然條件的不同，必然會產生具有各自民族特性的不同文化，而各種文化形態的形成，也都具有其必然性與目的性，這種目的需要一種載體去表現和實現，而這種載體，作為動物，體現出一種神秘的本能；作為人類，則體現為本能和文化兩個方面。黑格爾說，「一切存在的都是合理的」，他揭示了存在和目的的一致性，也就是說，自然界本身是一個有着目的性的運動發展過程，人類為了生存，就必須認識世界運動發展的目的性和規律性及其內在關係，這種認識的結晶就是文化，而在不同的地理、天文條件產生的文化，就是對不同目的性和規律的認識的直接的、間接的甚至是扭曲的反映，從文化人類學的意義上來說，它具有使自己的族群連綿不斷地繁衍和擴大的功能性，這種功能性，決定了文化本身是一種宿命，文化沒有高下優劣之分，它拒絕統一的價值尺度的評價，它是人類生物學意義以外的另一種遺傳基因，它是隱秘在一切政治、外交及社會活動中的原動力。

　　而中日圍繞靖國神社的衝突，從本質上來說是一種文化的衝突，這種衝突本身拒絕來自衝突對方的價值判斷與邏輯推理，這種衝突是一種來自各自民族集體無意識的「排異反應」。

　　但是，正像生物在進化過程中，要不斷改變自己的遺傳基因

以適應環境，得以不斷生息和繁衍一樣，各民族的文化也必須不斷地適應世界運動發展的目的性而不斷進行調整與改變，而與其他生物被動性地適應環境，改變基因不同，人類能夠主動地、積極地、具有前瞻性地改變自己的文化基因，使其適應世界運動發展的目的性。

而世界運動的發展越來越明顯地顯示出它賦予人類的實現這一目的的功能性，那就是，依靠人類的力量，走出動物形態的弱肉強食的森林法則，建立一個人與人，人與自然，民族與民族的和諧共贏、互攝互補的世界。

現在的國際化趨勢，首先在人類的世界中體現了這種目的性。國家、民族、地區正從一個個分散而孤立的族群走向在世界規模的舞台上分工合作，互相競爭互相促進，互為補充互利共贏，那些每天熱衷於所謂未來中日大戰、中美大戰、世界大戰的政客、論客和將軍們是否想過，現在的中、日、美及世界其他的重要地區，早已結成一個絲絲入扣、節節相聯、起承轉合、缺一不可的產業鏈、金融鏈、商業鏈甚至生活鏈，一損皆損，休戚與共，如果反目動武，每一發打向對方的炮彈都如同打在自己頭上，每一次封鎖對方的行動都是作繭自縛。

然而，越是接觸與合作的緊密，越容易產生衝突和摩擦，因為所有的民族身後都拖着歷史長長的影子，所有的民族都有自己文化特有的「遺傳基因」，而世界運動的發展所提出的最緊要課題，就是克服這種「文化基因」的「排異反應」，實現真正的世

界規模的分工合作，互補共贏，而克服這種「排異反應」，首先要做到的就是認識到文化歷史的宿命過程，放棄把自我的文化價值判斷與邏輯推理強加於對方的做法，進行文化上的真誠對話，而政治家們更不能利用文化上的對立，以售其私，與人類所面臨的使命背道而馳。

我們明白：我們無法改變歷史，但是我們可以參與未來，獻出一份理解，明天就多一片彩霞；消解一份仇恨，明天就多出一縷溫馨。

我們深知：對立多來源於抱守殘缺，爭執總出自一葉障目，只有求同存異，解讀他人，反省自己，方能恍然大悟。

我們堅信：一場現實的危機，也正是一個歷史的機緣，而實現這一歷史的機緣，也許會起始於一場從未有過的文化的對話，我們希望，更要參與：中日的又一次真誠的握手，帶來一衣帶水的友邦下一個美好的千年——這也許正是此書力所難及，卻衷心期盼的前景。

張石

2014 年 1 月

註釋

1 鳥居：一種類似於中國牌坊的日式建築，現在多用於神社建築，呈「开」
   字形，被認為是神界的入口，意為「沒有屋頂的門」。古代日本人用漢
   文表示鳥居時寫成「華表」。

2 玉串：玉串在神道裡作為重要的祭祀用品使用，一般用帶葉的楊桐樹
   枝，纏以白紙做成。

第一章

參拜的迷霧

小泉純一郎參拜靖國神社的「邏輯迷霧」

2001 年 8 月 13 日下午，東京九段下靖國神社內的銀杏樹在微風的搖曳下「沙沙」作響，漸漸西下的斜陽透過濃郁的樹蔭灑下點點陽光，巨大的鳥居把長長的陰影投在甬路上，平時靜謐、空曠的神社裡人群熙熙攘攘，人們的眼睛裡閃動着期待的目光，似乎是在焦急等待着什麼。

這時，一列黑色的車隊駛進靖國神社，停在正殿右邊的道路上，從車上走下身穿燕尾服的日本首相小泉純一郎，他的臉上帶着一絲略顯憂鬱的自信。他來到參集所的簽到處，在簽名簿上簽名：「內閣總理大臣　小泉純一郎」，淨手後在身着白衣的神官的帶領下，來到正殿。他沒有用「二禮二拍手一禮」並奉獻玉串的傳統神道形式參拜，只是深深地敬上一禮，然後走下神殿，坐車離開。

靖國神社一片沸騰，一片「萬歲」聲響徹雲霄，而在靖國神社外，日本學生代表高呼口號，抗議小泉參拜靖國神社。

這是 1996 年 7 月，當時的日本首相橋本龍太郎進行私人參拜以來，日本首相的首次參拜。

當天晚上，日本內閣官房長官福田康夫發佈了首相談話。首相談話指出：

我國將於 8 月 15 日迎來第 56 個停戰紀念日。站在二十一世紀之初，回顧上個世紀的大戰，難抑心底肅穆之情懷。在那次大戰中，日本給包括我國國民在內的世界許多國家的人民帶來了深重的災難，尤其是對亞洲鄰國，在過去的一段時期，基於錯誤的國策進行了殖民統治和侵略，帶給他們無限的傷害和痛苦，至今在受害國的眾多民眾中仍然留下難以癒合的創傷。

在這裡，我謙虛地承認我國那令人悔恨的歷史，在深刻反省的同時，對所有戰爭中的犧牲者，謹獻上深切的哀悼之意。

我認為，我國絕不能重蹈戰爭的覆轍。站在那些在艱難的時代仍相信祖國的未來而魂斷沙場的各位英靈之前，我再次感到今天日本的和平與繁榮是建立在他們崇高的犧牲之上，促使我重溫每年都要發出的和平誓言。我想，如果我充分地說明我的信念，一定會得到我國人民和近鄰各國的理解，因此我在就任首相後也表明了要在 8 月 15 日參拜靖國神社。

但是，隨着停戰紀念日的臨近，國內外關於我參拜靖國神社的是非之論交錯而來，爭論不休，不僅有來自國內的反對，國外也出現了要求停止參拜的呼聲。在這種狀況之下，如果我在停戰紀念日對靖國神社參拜的結果與我本意相悖，導致國內外對日本根絕戰爭、重視和平的基本思想抱有疑念，那決不是我所希望的。因此，我真誠地斟酌國內外的狀況，並根據我個人的判斷，決定迴避在停戰日當天參拜，另選日期。

作為一國總理收回已經說出的話，令我無限慚愧。但是，

2001 年 8 月 13 日迎送小泉參拜的人們。

雖然我要堅持自己靖國參拜的一貫主張，但是從我現在的立場出發，我必須在更寬廣的國家利益的基礎上，全身心地盡到內閣總理大臣的職責，面對和解決各種問題。

如果可能，我將盡快找機會與中國及韓國的政要促膝談心，就亞洲、太平洋地區未來的和平與發展交換意見，並向他們說明我的上述信念。

此外，今後的問題是，怎樣才能在尊重國民對靖國神社和千鳥淵戰歿者墓苑[1]所抱有的感情的同時，使國內外的人們圓融無礙地獻上誠摯的追悼之意，這需要我們進行討論。

我深切地希望各位國民能夠理解我真摯的情感。[2]

小泉的談話並沒有緩和中韓兩國的憤怒之情。

2001 年 8 月 13 日，中國外交部副部長王毅召見日本駐華大使阿南惟茂，表示了「中國政府和中國人民的強烈憤慨」，王毅表示：「參拜損害了中日關係的政治基礎，傷害了中國人民和亞洲被害國家人民的感情，影響了今後兩國關係的正常發展。」同日，中國駐日本大使武大偉緊急約見日本外務省事務次官野上義二，就日本首相小泉純一郎參拜靖國神社提出嚴正交涉。

韓國外交通商部發言人亦於當天發表聲明，對日本首相小泉純一郎執意參拜靖國神社表示「非常遺憾」。聲明說，小泉不顧韓國政府多次表示憂慮，也不顧國內許多反對意見，執意參拜象徵日本軍國主義的靖國神社，韓國政府對此表示「非常遺憾」。

日本戰犯曾破壞世界和平，並給鄰國帶來無法形容的災難。日本首相參拜這些戰犯，「不能不引起韓國的憂慮」。

此時正在訪問中東的韓國外交通商部部長韓升洙，也在歸國後召見了日本駐韓國大使寺田輝介，對小泉參拜表示遺憾之意。

儘管小泉覺得自己用盡了苦心，但是中韓兩國對他的行動仍然無法理解，他為此感到很苦惱。

而中韓兩國對小泉的行為及上述「首相談話」，也同樣充滿了困惑。

在中韓兩國人們看來，小泉的這番談話充滿了矛盾。他首先對日本侵略亞洲各國表示深深的反省，對日本給亞洲各國人們帶來的慘禍表示真摯的懺悔。同時，他又對着供奉着包括發動侵略戰爭的 14 名甲級戰犯（一說 13 名）在內的戰死者的靖國神社表示：「站在那些在艱難的時代仍相信祖國的未來而魂斷沙場的各位英靈之前，我再次感到今天日本的和平與繁榮是建立在他們崇高的犧牲之上，促使我重溫每年都要發出的和平誓言。」

可以說，小泉完全把中韓的人們弄糊塗了，那些進行侵略戰爭與殖民統治的日本軍國主義者，到底是戰爭的罪人還是的「英靈」？為什麼「今天日本的和平與繁榮是建立在他們崇高的犧牲之上」？

拜謁抗日戰爭紀念館的小泉純一郎

然而小泉接下來的行動，就更令人「丈二和尚，摸不清頭腦了」。

2001 年 10 月 8 日，小泉前往北京進行工作訪問，下了飛機馬不停蹄，直奔位於北京郊外豐台區盧溝橋的「中國人民抗日戰爭紀念館」。

「中國人民抗日戰爭紀念館」為紀念抗日戰爭而建，於 1987年 7 月 6 日對外開放，其二期工程也於 1997 年抗戰 60 週年前夕建成並開放。據說當時中央賦予該館三大任務：1. 建設成為愛國主義教育基地；2. 成為抗日戰爭史料收集和研究中心；3. 成為對外民間交流的窗口和聯繫港澳台同胞以及海外僑胞的橋樑。

紀念館位於宛平城中心，距盧溝橋 500 米，正前方是抗戰廣場，廣場中央矗立着象徵中華民族覺醒的「盧溝醒獅」，廣場中軸線兩側各分佈着七塊草坪，寓意「七七事變」爆發地和中華民族的 14 年抗日戰爭。

紀念館內陳列有 1931 年「九‧一八事變」到 1945 年 8 月日本戰敗這一歷史時期的抗戰文物及圖片資料。再現了日軍在盧溝橋的侵華罪行和中國軍民奮起抗戰的壯烈情景。館內藏有照片和資料 3800 件、文物 5000 件（包括武器在內）。

2001 年 10 月 8 日中午，天空佈滿烏雲，紀念館內外一片寂靜。12 時 05 分，小泉在中國駐日本大使武大偉的陪同下，走過歷盡 800 多年歲月的盧溝橋。他們在橋上閱盡滄桑的 485 個石獅的悄然凝視中，走過橋東側矗立的「盧溝曉月」碑亭，而抗戰廣場上那彷彿在激烈的顫抖中怒吼的深褐色「盧溝醒獅」，已映入他的眼簾。

　　盧溝橋所在宛平城始建於明崇禎十三年（1640 年），當時盧溝橋作為永定河上唯一通往京都的橋樑地理位置重要，可謂京城之咽喉。

　　自 1937 年 6 月起，駐豐台的日軍連續舉行所謂軍事演習。1937 年 7 月 7 日深夜，日軍稱有一名士兵於演習時失蹤，要求進入北平西南的宛平縣城（今盧溝橋鎮）搜查，中國守軍當即嚴詞拒絕了這一要求。日軍立刻向盧溝橋一帶開火，向城內的中國守軍進攻。中國第二十九軍三十七師二一九團予以還擊，由此拉開了中國全面抗戰的序幕。此事件被稱為「七七事變」又稱「盧溝橋事變」，「七七事變」標誌着日軍發動全面侵華戰爭。

　　從那時起一直到 1945 年 8 月，日本對中國進行了長達八年的全面侵略戰爭，使中國人民付出了巨大的民族犧牲，中國軍民傷亡三千五百萬人，財產損失等達五千六百億美元。

　　走過盧溝橋，小泉表情蕭穆，在武大偉的陪同下步入紀念館大廳，迎面映入他的眼簾的是名為「血肉長城」的抗日軍民巨幅浮雕。在浮雕上，抗日軍民眾志成城，組成氣壯山河的銅牆鐵

壁。隨行人員抬着小泉敬獻的花圈走向雕像，小泉隨着花圈緩緩來到雕像前，他深深敬禮，長久默哀。

花圈緞帶上特意用中文寫着：「祈求永久和平世代友好」。

在紀念館館長陳啟剛的引導下，小泉依次參觀了各個綜合館和專題館。這些展覽從轟炸、焚燒、搶掠、屠殺、製造「無人區」、殘害婦孺、設立「慰安所」、虐殺大量勞工、製造細菌戰、毒氣戰等各個方面，揭露了日軍在中國土地上犯下的罪行。

在「盧溝橋事變」、「南京大屠殺」、強徵虐殺勞工、慰安婦、七三一細菌部隊等展台前，小泉止住了腳步，悉心聽取了陳啟剛館長的介紹和講解，顯得心情無比沉重。

參觀完畢，小泉在留言處提筆寫下「忠恕」二字。據他本人介紹，這兩個字源出中國《論語》。「忠」者，誠心誠意；「恕」者，充分尊重對方感情。

在參訪盧溝橋後，小泉向到場記者談了自己的感想。小泉說：

> 我喜歡研究歷史，很早以前就想到這裡來，剛才拜謁了人民抗日戰爭紀念館，再次讓我痛感戰爭的悲慘，對那些在侵略戰爭中犧牲的中國人民，衷心表示謝罪與哀悼。

> 只有不允許再次發生戰爭，才是對在戰爭的慘禍中倒下的人們最好的回答。從亞洲與世界和平的意義上來說，日中關係是非常重要的兩國關係。

> 對美國所進行的恐怖主義襲擊，可以說是一種全新形式的

戰爭，我在如此的形勢下訪華，和中國共同商討作為國際社會的一員應該如何合作？這也是非常重要的成果。

多學習過去的歷史，會令人進行反省，並一定要使這反省成為未來的希望。我們也是在正視歷史，絕不讓戰爭再起之反省的基礎上，在戰後作為和平國家走向了繁榮。

過去，日本被國際社會孤立，突入那悲慘的戰爭，而只有國際合作之路，才是和平與繁榮之路，不使自己孤立於國際社會之外，成了日本的國是。

日本和美國之間曾經發生戰爭，現在卻建立了世界上最強有力的友好同盟關係。日本和中國也曾有過不幸的時期，面向二十一世紀，我衷心希望也能建立像日美關係那樣強有力的友好關係。[3]

參訪過人民抗日戰爭紀念館後，小泉和江澤民主席及朱鎔基總理舉行了會談。小泉對江澤民主席說：「今天參觀了盧溝橋和人民抗日戰爭紀念館。我是懷着對在過去的戰爭中，在被侵略中犧牲的人們的謝罪與哀悼的心情參觀展覽的，明年是中日邦交正常化 30 週年，我希望對此進行隆重的慶祝。」

江澤民接着說：「歡迎您為兩國關係的發展訪華。我雖然是第一次和小泉首相見面，但是從今天開始，停滯的兩國關係從緊張走向了緩和。靖國神社供奉着甲級戰犯，日本的領導人如果參拜，後果會很複雜。」[4]

小泉再參拜「惑」上加「惑」

在那以後，緊張的兩國關係着實熱呼了一陣。但是小泉回國後，在 2002 年 4 月 21 日，又參拜了靖國神社。

為此中國國家主席江澤民頗感困惑不解。2002 年 4 月 29 日，江澤民在北京會見日本公明黨代表神崎武法時說：去年參拜以後，小泉首相訪問了中國，參訪了抗日戰爭紀念館等，在上海舉行的 APEC 會議上，我們也進行了會談，我以為事情完了呢，但是又發生了突然參拜這種意想不到的事情。我們是重信義的，小泉首相不能把這事情想得太簡單。言外之意是說：你到了盧溝橋，獻了花圈又道歉，反過來怎麼又去參拜靖國神社？參拜了被害者，又去參拜加害者，這不是矛盾嗎？不是不守信用嗎？

但是在小泉這個日本人來看，這裡不存在不守信義的問題。

這也就是中日衝突與誤解的潛在原因 —— 文化語碼系統和深層結構不同。從表面上看，徐福攜三千童男童女入海求仙的故事家喻戶曉，代代相傳，甚至有人說徐福就是日本的神武天皇，也有人因此認為日本人就是徐福的後代，日本文化就是中國文化的分支，中日「同文同種」，不僅現在，古代也是如此；不僅庶民，連中國的皇帝也這麼想。

日本室町前期僧人絕海中津，對於中國人來說也許比較陌

生，可他是唯一一個曾和中國皇帝一起吟詩唱和的日本人。

絕海中津是禪宗臨濟宗僧人，京都五山的學僧，明洪武元年（1368 年）入明，曾師從杭州臨安府中天竺文字禪巨匠季潭宗泐。

洪武九年（1376 年），他和同船渡明的好友汝霖良佐一起在金陵（南京）英武樓受到明太祖朱元璋的召見，問及禪宗法要，絕海對答如流，很受朱元璋的賞識。朱元璋領他進了一個「板房」中，指着一張日本的圖畫，問起有關「熊野古祠」的事，並邀他以此為主題做詩一首，於是絕海吟題為「應制賦三山」七絕一首：

　　　　熊野峰前徐福祠，
　　　　滿山藥草雨餘肥。
　　　　只今海上波濤穩，
　　　　萬里好風須早歸。

朱元璋讀了絕海的詩很高興，也發了詩興，步絕海之韻和上了一首：

　　　　熊野峰高血食祠，
　　　　松根琥珀也應肥。
　　　　當年徐福求仙藥，
　　　　直到只今更不歸。

在這裡，絕海中津和明太祖共憶徐福，共賦漢詩，似乎徐福

是日本人的遠祖，中日同文同種，水出同源，早在六百多年前就已是中日兩國的「共識」了。

　　然而如果深入剖析，中日文化的深層結構中包含着互相不可理解的不同點，甚至從思維模式上說，中國人和美國人及歐洲人更加接近，而與日本人之間有很大的區別。理解了這種區別，在一定程度上就會對中日現在所面臨的衝突、誤解及危機有一個較清醒的認識，也就會避免中日重新兵戎相見，向着文化包容、善鄰友好的方向披荊斬棘，攜手前行。

註釋

[1] 千鳥淵戰歿者墓苑：位於東京都千代田區三番町，佔地約 1.5 公頃，由日本政府於 1959 年建立。這裡埋葬着在第二次世界大戰中 358253 名海外戰歿者的遺骨。

[2] 《朝日新聞》，朝刊，2001 年 8 月 14 日，第 14 版，筆者譯。

[3] 《朝日新聞》，2001 年 10 月 9 日，第 4 版，筆者譯。

[4] 《朝日新聞》，2001 年 10 月 9 日，第 4 版，筆者譯。

第二章

日本人生死觀的迷津

田中真紀子嘲笑死者犯眾怒

要說小泉純一郎在 2001 年能脫穎而出，當選自民黨總裁繼而登上首相的寶座，有一個恩人他是不能忘記的，那就是為實現中日邦交正常化盡力的前首相田中角榮的女兒田中真紀子。當時小泉與橋本龍太郎、龜井靜香、麻生太郎爭奪自民黨總裁寶座，其他三人當時不是閣僚大臣就是黨內高官，而且都有黨內派閥做後盾，只有小泉既沒有官職也沒有派閥，是一匹「孤狼」。

知道自己勢單力薄，小泉來求田中真紀子，因為田中真紀子快嘴快舌、辛辣幽默、個性鮮明，加之日本百姓尊敬並懷念她的父親，因此田中真紀子在當時的日本國民中很有人氣。田中真紀子接受了小泉純一郎的邀請，為他的選舉到處站台演講，可到了口若懸河、妙語連珠之處，卻刹不住車，惹了「舌禍」。

2001 年 4 月 14 日，田中真紀子在聲援小泉競選自民黨總裁時於街頭發表即興演說，對已故前首相小淵惠三大發不敬之詞。

小淵惠三是第 84 任日本首相，2000 年逝世。小淵惠三為人厚重親切，工作恭謹勤懇，深受民眾愛戴。

照理說小淵和田中家的交情不薄。1972 年，田中角榮與自民黨大佬福田赳夫競選自民黨總裁，當時身為日本郵政省政務副部長的小淵，沒把自己的一票投給群馬縣同鄉福田，而是投給了田

中真紀子的父親田中角榮，結果田中當選。為此他所在選區群馬縣的選民非常憤怒，使他在 1972 年年末舉行的第 33 屆眾議院選舉中苦戰，最後在全國當選議員中得票最低，勉強當選。

但是田中真紀子希望小泉當選心切，為了讚揚小泉的主張，就把小淵惠三當做「反面教員」，話到興頭嘴也就沒了遮攔。她說小淵一年借債一百兆，高高興興地想把股價搞上去，沒想到自己的腦血管「嘎巴」一聲斷了，他不是小淵了，而成了佛（日語裡「小淵」的發音和「佛」的敬稱發音相近，只差一個字母，而「成佛」和「死」同義），這是自作自受……

當時小淵逝世還未滿一年，自民黨還在「服喪」期間，因此她的這番發言在自民黨內引起了軒然大波，自民黨的領導層對她肆無忌憚地侮辱故人大為惱火。4 月 17 日，當時的自民黨幹事長古賀誠發表談話說：這簡直不是人所能幹出來的事，太過分了，我們絕不能這樣就算了，暗示要對田中真紀子進行黨內處分。

田中真紀子在巨大的壓力下，又是檢討又是解釋，說自己完全沒有侮辱故人的意思，只是對小淵政權的政策難以全部贊成等等，費了九牛二虎之力才免遭處分。

日本的四大怨靈與「怨靈恐懼」

在日本社會，說故人的壞話是一大忌，這種觀念來源於「死者一如」、「死者即佛」的思想，「死者一如」、「死者即佛」的思想起源於日本的「怨靈恐懼」思想。日本有許多廟宇，是專門為恨死的人修建的，在日本人觀念中，如果不能很好地安慰恨死者的怨靈，他們的靈魂就會給予活人種種報復。

早良親王

日本歷史上著名的怨靈應首推早良親王。早良親王是日本第四十九代光仁天皇（770-781 年在位）之皇子；第五十代桓武天皇（781-806 年在位）的弟弟。因母親是下級貴族，無望立太子，天平寶字五年（761 年）出家，居住在東大寺¹大安寺東院。天應元年（781 年），在哥哥桓武天皇即位的同時，早良親王在其父光仁天皇建議下還俗，立太子。此時，桓武天皇與皇后之間，有個八歲的兒子安殿親王，按理說，應該是安殿親王被立為皇太子，但是光仁天皇卻偏立早良親王當皇太子，桓武天皇自然心中不悅，因此埋下兄弟鬩牆、同室操戈的種子。

延曆三年（784 年），桓武天皇在寵臣藤原種繼的勸說下遷都，就是從奈良遷都到京都盆地的西南部，重建長岡京[2]，並命令寵臣藤原種繼負責建造長岡京。

這一年 9 月 23 日夜晚，藤原種繼來到長岡京工事現場視察，突然一枝箭從黑暗處飛來，射中胸部，藤原種繼在馬上身體後仰，剛要抓住繮繩，又飛來另一枝利箭，藤原種繼立即落馬，第二天就因傷勢過重死去。

桓武天皇失去了寵臣，勃然大怒，上下動員，捉拿兇手，很快便抓到了，經過拷問，「得知」暗殺種繼主謀者是重臣大伴家持與早良親王。事件發生後第五天，早良親王就被幽禁在長岡京內的乙訓寺。

早良親王是否真與事件有關已不得而知。但是藤原種繼之所以謀劃遷都，就是試圖排除在奈良都安營紮寨的東大寺與大安寺的南都寺院對朝廷的影響力。而東大寺開山之祖良辯在死去之際，把寺院託付給了親王禪師，在早良親王還俗以後，東大寺一有大事必找早良親王諮詢，因此天皇懷疑：與東大寺淵源深厚的早良親王是為阻止遷都，因此謀劃了暗殺藤原種繼事件，繼而還會推翻桓武天皇並取而代之。

早良親王因此被廢太子，並被幽閉在乙訓寺。早良親王一直申辯自己無罪，為了證明自己的無辜，絕食了十天左右，但同胞哥哥依然下了流放令，他被流放到淡路國（現在的淡路島，屬兵庫縣）。流放途中，早良親王因過度衰弱，於河內國高瀨橋附近

（現大阪府守口市高瀨橋附近）含恨餓死，年僅 36 歲。桓武天皇接到弟弟死去的報告後，仍不肯收回詔令，命人將早良親王的遺體運到淡路島以罪人身份草草埋葬。

一個多月後，桓武天皇之子、皇后乙牟漏所生之子安殿親王被封為新皇太子，成為儲君。桓武天皇以為排除了隱患，這下可以專心營造長岡京新都，鞏固自己的統治了，可是意想不到的災難卻接二連三地從這裡開始了。

早良親王死去的翌年，也就是延曆五年（786 年），桓武天皇皇妃藤原旅子的母親過世；延曆七年（788 年），桓武天皇皇妃藤原旅子去世；延曆八年（789 年），桓武天皇之母、皇太后高野新笠去世；延曆九年（790 年），桓武天皇最寵愛的皇后乙牟漏也突然去世。而且這些後宮的女人們先前也都算健康，但是大病說來就來，她們突然倒地，當天就斷了氣。延曆九年（790 年）9 月，新封皇太子安殿親王病倒了，臥床不起，桓武天皇命京都七大寺[3]整夜唸經祈禱，但是沒有任何效果。

不僅皇室後宮不得安生，民間也是災禍連連。從延曆七年到延曆九年，氣候異常，大和國農業不斷遭災。延曆九年在奈良更是瘟疫流行，民不聊生，病死、餓死的人多不勝數。到了延曆十年（791 年），災害仍然不斷，延曆十一年（792 年）6 月，突然有一天雷聲大作，長岡宮內發了大水，沖進了宮內的大門；進入 7 月後暴雨不斷，桂川大氾濫，洪水滔天。

被這一系列的災難徹底摧垮了的桓武天皇，到當時專管算卦

的陰陽寮去筮卜問占，占者説是早良親王的怨靈作祟，這種結果正和桓武天皇的想法一致。他馬上派人到淡路島整建弟弟的墳墓，但是八月澱川又氾濫成災，長岡京在大洪水中成了一片沼澤地，使桓武天皇不得不決定再次遷都，從長岡京遷到現在京都中心部一帶，建立平安京。

在這以後，桓武天皇徹底折伏在早良親王的怨靈前。延曆十六年（797 年）5 月，桓武天皇派了兩位高僧到淡路島早良親王的墳墓前唸經謝罪。延曆十九年（800 年）7 月，桓武天皇追贈早良親王為崇道天皇，移葬大和國，推定場所是現在奈良市八嶋町的崇道天皇陵。延曆二十四年（805 年）元月，桓武天皇又下令在淡路島建立安撫崇道天皇怨靈的靈安寺；4 月，將早良親王的忌日定為國定忌日；5 月於紀伊國（和歌山縣）伊都郡建立了祭祀早良親王的三重塔。其他祭祀親王的設施還有天皇陵附近的八嶋神社、奈良町的崇道天皇社、御靈神社，以及京都的崇道神社等。

菅原道眞

菅原道真也是日本歷史上著名的「怨靈」。菅原道真是平安前期的學者、政治家、漢學家、詩人，生於日本平安朝的承和十二年（845 年）。菅原家在平安時代，一直以通曉漢學聞名於世，並以文章經綸侍奉於朝廷。道真自幼稟承家風，18 歲就作為

菅原道真像，菊池容齋繪。

「文章生」，被選拔到當時日本專門培養中央官僚的學校大學寮裡學習，33 歲（元慶元年，877 年）時成為大學寮裡教授詩文與歷史的教官——文章博士，同時官拜「式部少輔」（相當於現在的文化部副部長），深得當時的天皇宇多天皇的信任和重用。仁和二年（886 年）拜任贊岐（現在的香川縣一帶）的地方官——贊岐守，因此辭去式部少輔兼文章博士的職務，前往四國贊岐任官。寬平二年（890 年）自任地贊岐國回京。

當時天皇對在朝廷包攬大權、跋扈橫行的外戚藤原氏心懷不滿，因此重用滿腹經綸、德才兼備的道真。寬平三年（891年），補任道真擔任「藏人頭」，相當於天皇的秘書，主管敕旨的上奏與傳達，兼式部少輔與左中弁（相當於中國唐代的尚書，就是現在的中央政府的部長職務）。次年，兼任左京大夫（掌管首都的司法、行政、警察的高官）。寬平六年（894 年）被任命為遣唐大使，但在道真的建議下，天皇廢止了遣唐使的派遣。寬平七年（895 年）升任從三位權中納言（負責審議上奏和天皇的詔書）、兼任春宮權大夫（掌管天皇、皇后家政的要職）。寬平九年（897 年），他的三女兒寧子和宇多天皇之子齊世親王結婚，同年，宇多天皇讓位與醍醐天皇，並在退位之際要求醍醐天皇繼續重用道真，當時只有外戚藤原時平與道真擁有「官奏執奏」（又稱為「內覽」，即審閱官府上奏書的權限）的特權。在醍醐天皇即位後，他升任正三位權大納言（在天皇身邊向下傳達聖旨、向天皇傳達上奏的官職）兼任右近衛大將（常設武

官職的最高職位）和中宮大夫（處理後宮事務的要職），昌泰二年（899 年）升任為右大臣（朝廷的最高執政機構中的最高官職之一），可謂達到了人臣之巔。

宇多天皇退位後，醍醐天皇因得道真與其他德高望重的老臣輔佐，開始幾年朝政還算順暢，但是很快這幾名老臣死的死，退休的退休，朝中大權落入外戚藤原時平手中。

延喜元年（901 年），藤原時平發動朝內其他對道真不滿的朝臣，向年輕氣盛的醍醐天皇進讒言，稱道真與上皇宇多合謀謀反，欲立醍醐天皇之弟、菅原道真之婿齊世親王為新帝。醍醐天皇平時就覺得，父親宇多上皇與其說喜歡自己，不如說更喜歡弟弟齊世親王，且不斷要求自己讓弟弟的岳父道真執掌大權，因此對讒言立刻信以為真，令藤原時平全權處置道真。

藤原時平連夜命禁軍抄了菅原道真的家，道真左遷為太宰權帥（朝廷鎮西總司令部——太宰府的代理長官），流放到了九州的太宰府。宇多上皇聞訊想要阻止，但是禁軍封鎖了宮門，並假傳聖旨，說醍醐天皇拒絕會見宇多上皇。他們還不允許菅原家任何一個人跟隨其前往流放地，以長子菅原高視為首的四名子女皆被處以流刑（是為「昌泰之變」）。

雖然當時的太宰府被稱為「遙遠的朝廷」，太宰府都府樓豪華巍峨，但是道真住的只是漏雨的簡陋宿舍，過着流放者的生活。他每天非常鬱悶，難抑思鄉之情，秋鴻旅雁，都會使他無限傷感，當時他曾寫下名為《聞旅雁》的漢詩：

我為遷客汝來賓，

　　　共是蕭蕭旅漂身。

　　　欹枕思量歸去事，

　　　我知何歲汝明春。

　　就這樣，在深深的鬱悶和無限思鄉之情中，道真於延喜三年（903 年）憤死太宰府，並葬在當地（現在的安樂寺），享年 59 歲。

　　道真死後，京都陸續出現了多種奇異的現象。先是他的政敵藤原時平在延喜九年（909 年）39 歲時病死；延喜二十三年（923 年），醍醐天皇的二皇子、皇太子、藤原時平的外甥保明親王病死，年僅 22 歲。當時因為天空雷電轟鳴，人們都說是道真怨魂作祟。朝廷非常害怕，同年在皇居的建禮門前舉行一次盛大的「大祓」（驅邪），並同時宣讀了將道真從二位太宰權帥回復為正二位右大臣之官位的詔書以及取消流放道真的詔書。到了 5 月，「延喜」這個年號正式停止使用，改元「延長」，以避延喜年間蒙冤化作怨靈的道真之祟。

　　但是道真之冤魂似乎並沒有停止報復，延長三年（925 年），保明親王的兒子（其母是藤原時平的女兒）、藤原時平的外孫、新立皇太子慶賴王病死，年僅五歲。而延長八年（930 年）發生的清涼殿遭雷霹事件，更使醍醐王朝陷入極大的恐慌。

　　《扶桑略記》卷二十四「醍醐天皇」章及《日本紀略》「醍醐天皇」之篇中記載：

以菅原道真為祭神的東京湯島天滿宮。

延長八年六月廿六日申一刻（下午 3 點左右；《日本紀略》記為「午三刻」，中午 12 點左右），醍醐天皇在內裡[4]清涼殿召集大臣們商討是否應該祈雨救旱災之事，當時有薄雲蔽日，並有隱隱雷鳴。到了申三刻（下午 4 點左右），突然從愛宕山（位於京都市左京區西北）上方起一黑雲，剎那間「旱天曀曀、陰雨濛濛、疾雷風烈、閃電照臨」，雷聲轟鳴，清涼殿西南方第一柱遭到雷擊，並有「霹靂神火」伴隨，殿上侍駕之人中，與昌泰之變有關的朝臣大納言[5]正三位[6]兼民部卿（相當於現在的民政部長）藤原清貫衣燒胸裂天亡（年六十四歲），還有朝臣從四位下行右中弁[7]兼內藏頭[8]平希世，顏面遭雷擊，仆倒在地，隨後落雷又打中紫宸殿，右兵衛[9]佐美努忠包的頭髮被燒身亡，其他在場的朝臣紀蔭連的腹部、安曇宗仁的膝蓋等皆遭灼傷。

　　一時間清涼殿內大亂，醍醐天皇從清涼殿逃往常寧殿避難，驚魂未定，從此一病不起。朝廷召集千名得道高僧唸經祈禱，而醍醐天皇病情只是日見危篤，難理朝政。是年 9 月 22 日，不得不將皇位讓位於寬明親王，9 月 29 日，醍醐天皇駕崩。

　　這以後京都仍然異相、災害不斷，旱災、地震、流星接踵而至，人們紛紛傳說菅原道真的怨靈從空中飛舞而來，朝廷對此相當驚恐，因為伴隨着巨雷的災難很多，朝廷認為雷神是道真的怨靈。為了祭拜火雷天神，朝廷在京都的北野興建了北野天滿宮。

這以後道真成了日本天神信仰的一部分，並逐漸普及到日本全國。道真生前是傑出的學者和詩人，因此被當成學問「天神」來敬拜。現在，日本全國的神社約有八萬，而將道真作為「天神」來敬拜的神社就有一萬多個，現在學生考試，研究者、作家祈念成功，都去與道真有關的「天神」神社祈願。

平將門

平將門也是日本史上四大怨靈之一。他是日本有史以來唯一一個公然反叛京都的天皇朝廷並自立皇號的人。

平將門（903–940 年）為日本桓武天皇的五世孫，他出生那年，正好是菅原道真被流放至九州太宰府含恨而死的那一年，也是道真之怨靈作祟一百多年的第一年。

平將門為鎮守府將軍 [10] 平良持之子，早年投於朝廷權臣藤原忠平門下，約在延長八年（930 年）返回自己的領地下總國猿島郡（現在茨城縣西南部），經營私田，蓄養私兵。承平五年（935 年）前後，因婚事伯侄結怨，發生衝突，殺死伯父平香國，擊敗叔父平良兼。朱雀天皇天慶二年（939 年），他在下總國（現千葉縣北部、茨城縣西南部）、常陸（現在的茨城縣）舉兵謀反，自稱皇，襲擊關東諸國的國衙（國家的官廳），奪取國司（地方行政官僚）金印等，被朝廷視為「朝敵」。他自稱新皇，欲自立為王。後被藤原秀鄉、平貞盛等討伐，2 月 13 日，在幸嶋郡北山

（在現在的茨城縣）一戰中身中藤原秀鄉的鏑矢而死，其後遭到斬首。日本古代戰紀物語《太平記》中説，平將門首級經三個月顏色不變，且雙目睜開。其後，首級為求胴體而大發怒聲，更憤而飛向東空。途中，力竭墜落，墜落之地就是後來著名的「首級塚」所在之地。現在東京都千代田區大手町一丁目有平將門「首級塚」，傳説這裡曾經有過土丘，內部有石室和石廓。

平將門雖是歷史上的「逆臣」，但是在他活躍過的千葉、茨城、東京等地有很多人尊重他。而在「首級塚」周邊地區，經常發生天地異變等怪象，特別是鎌倉時代的嘉元元年（1303 年）疫病流行，人們認為是平將門怨靈之祟。德治二年（1307 年），當時的遊行僧他阿真教贈平將門「蓮阿彌陀佛」的法名，為其立碑揮毫，並將旁邊的天台宗日輪寺改宗為時宗（日本佛教宗派）芝崎道場，供奉平將門，延慶二年（1309 年），平將門作為「相殿神」遷入祭拜日本傳説中出雲系統武神大己貴命的神田明神神社合祀。

據説當初德川家康入主江戶前後發生了多起怪異的事件，且大地震頻發，經卜卦後知道是平將門在作祟，因此江戶幕府決定修建新的神田明神神社為平將門鎮魂。江戶開府的慶長八年（1603 年），幕府在江戶的神田台建立新的神田明神神社。元和二年（1616 年），又在現在神田明神神社的社址（東京都千代田區二丁目）重建更大的神社。

在三代將軍家光時代，還以幕府的名義舉行了盛大的遷靈祭

築土神社的平將門像。

祀，把平將門之靈從現在的將門首塚遷到新的神田明神神社。平將門成為江戶時代的「總鎮守神」，人們相信，如有一決勝負之事時，只要去參拜平將門，就一定獲勝，「神田祭」也成了「江戶三大祭」之一。因為每年幕府將軍都要觀賞「神田祭」的盛大場面，因此「神田祭」也被稱為「天下祭」。明治三年（1870 年），神田明神神社成為天皇指定的十大「准敕神社」之一。現在，神田明神神社是東京神田、日本橋、秋葉原、大手町、丸之內、原神田市場、築地魚市場等 108 個町會的總神祇。

崇德上皇

日本歷史上的第四大怨靈是崇德上皇。崇德上皇本是日本第七十五代天皇，五歲登基，23 歲時被名義上的父親鳥羽上皇逼迫退位（其實他是祖父白河上皇和鳥羽上皇的妻子待賢門院所生），讓位予名義上的弟弟，僅有三歲的體仁親王，體仁親王由此成為近衛天皇。久壽二年（1155 年），年僅 17 歲的近衛天皇去世，皇室內部為皇位繼承問題發生了激烈的鬥爭。這時兩位上皇——即近衛的父親鳥羽上皇和近衛名義上的兄長崇德上皇還在世。崇德上皇希望自己復位，或由自己的兒子重仁親王繼承。但是近衛天皇的母親美福門院向鳥羽上皇進讒言，說近衛天皇是被崇德上皇施咒術咒死的，而鳥羽上皇信以為真，讓自己的四子雅仁親王即位。為了皇位繼承的問題，外戚藤原氏內部也出現了

崇德上皇像，出自藤原為信作《天子攝關御影》。

對立，關白 [11] 藤原忠通支持雅仁親王；左大臣 [12] 藤原賴長擁護崇德上皇。結果鳥羽上皇佔了上風，雅仁親王即位為第七十七代天皇後白河天皇。此舉引起崇德上皇的不滿，他聯合左大臣藤原賴長和源為朝等發動了政變，即日本歷史上著名的「保元之亂」，政變失敗後崇德上皇被流放到讚岐。在流放地，他抄寫了五部大乘佛經，要求送入京都納於寺中，但遭朝廷拒絕。崇德上皇為此大怒，咬破手指寫下誓文，要成為日本國的「大魔緣」，要「取皇為民，取民為皇」。

人們相信他的詛咒真的應驗了，崇德上皇死後朝廷內災難不斷，崇德上皇和藤原賴長的政敵——後白河上皇及藤原忠通身邊的人相繼死去，而後平家凌駕皇室之上篡政，開始了七百多年的視皇室為玩偶的武家政治。崇德上皇的怨靈被稱為「日本第一大魔王」，為人所尊恐，明治天皇在即位前特意派敕使去位於讚岐（現在的香川縣）的崇德上皇的白峰御陵宣旨，將崇德上皇之靈接到京都的白峰神宮裡供奉。

敗者和敵人會成為怨靈報復，死者的怨靈具有巨大的能量——這一觀念在日本人的意識中根深蒂固。

日本的神社是怎麼回事？

從上文中可以看到，對於歷史上著名的怨靈，日本人幾乎無一例外要為其修建神社慰靈鎮魂，那麼日本的神社是怎麼回事呢？

日本的神社信仰，是以泛神論為基礎的宗教信仰，是日本由來已久的原始宗教，究竟開始於什麼時候，無法考證。《日本書紀》中有「天皇信佛法，尊神道」之句，「神道」二字雖源自漢字，但實際上此詞的概念在漢語與日語中有所不同。在日本人看來，草木、山川、動物、亡靈都是神。

日本人相信，宇宙中有無數的神靈。但是這些神靈在哪裡？無法知道，神社本身的存在是營造一種「神域」，日本人相信這種「神域」會把神招來，他們把這種招喚神靈的場所稱為「神社」、「社」、「神宮」、「宮」。

在日本國內約有一億零六百萬人信仰神道教，佔日本人口比例近 85%，登錄的神社有八萬五千多個，這些神社中供奉的都是些社什麼樣的神呢？

如果按照日本學者山中恒的分類，大致有如下三種：

造化理想神

從古代人的信念和希望中本能地產生的神的信念。其中包括：

1. 創造天地的神，包括「天之御中主神」、「高皇產靈神」、「神皇產靈神」造化三神及天神五代、天神七代等眾神。

2. 生育森羅萬象之萬物之神。

自然神

1. 森羅萬象之萬物本身，包括日、月、星、山、河、海、風、雷、火、國土、岩石、動植物，也包括劍、矛、盾、弓矢等人造物。

2. 統治森羅萬象之萬物的神，如山神、火神、海神、大地之神等。

人格神

1. 祖先神：從狹義講，就是把自己直接的祖先、先輩作為氏神；從廣義來講，雖不是自己直接的祖先，但是是日本人中值得敬畏的先輩，日本人將其作為共同的祖先敬仰，並作為神來祭拜。靖國神社也可以說是廣義的祖先神。

2. 承認作祟的怨靈為神，如平將門、菅原道真、崇德上皇、岩稻荷[13] 等，為了使怨靈之魂安靜下來，將其作為神來祭拜。[14]

誰最有資格進神社？

在日本，人死了以後，誰能進入神社呢？首先應該是作為祖先神進入神社的人，但是這樣的人以個人的名字進入神社，並得到祭祀的人很少。

在古代，一般都以神話中的神為自己的祖先，如天兒屋命就是中臣氏的祖神、藤原氏的氏神。他是在日本傳說中主要活動在天照大神時期至瓊瓊杵尊時期的神，據說其母懷胎百月生下他，他的身高是一丈二尺五寸，活了 1560025 歲（詳見後文）。

由於他是中臣氏的祖神、藤原氏的氏神，中臣神社（京都市山科區）、枚岡神社（大阪府東大阪市）、春日大社（奈良縣奈良市）、吉田神社（京都市左京區）都在祭祀他。另外，全國的大島神社祭祀的大島氏祖神也是天兒屋命。

日本中世以後，祖先神——氏神就是鎮守和保佑某一地域

的神，已與產土神沒有什麼區別。日本神道將土地的守護神稱作產土神，此神對於在該地從出生至死亡的所有人加以庇佑，即使遷移至他處居住仍繼續庇佑。相對於古代的氏神（庇護者）和氏子（被庇護者）建立在血緣上的關係，產土神則是基於地緣關係，一般以複數的祖先神構成的「祖靈」的形式出現。

那麼作為個人，進入神社，並得到祭祀的條件是什麼呢？日本著名民俗學家柳田國男在〈將人作為神祭祀的風俗〉這篇文章中寫道：

> 將死去的人作為神來祭祀的風俗確實過去比當今更盛行，但與此同時，一種現今被不屑一顧的限制在不久前一直在全國被認可。那種在中國被稱為「祠堂」，我們叫做「御靈屋」的一家專屬的私廟另當別論，那種享受廣泛的公共祭祀，聽取人們祈願，並使人們相信這個人可以作為神來祭祀的，以前一直有幾個特別的條件。首先，自然而然年老而終的人不會被放在神社裡祭祀，那些持有執著的遺恨的人，死後仍能讓人馳騁想像，屢屢以作祟的方式來表達強烈的喜怒哀樂之情感的人，被作為靈驗的神來供奉。[15]

由此可見，柳田國男認為，成為神社被供奉之神的條件，是含恨而死的人。他的恨越濃烈，作祟越頻繁、強烈，也就越有資格進入神社，而且也越靈驗。

日本最早的神社和最大的神社都是怨靈神社

怨靈文化，是日本文化的源頭之一。如果説神道是日本最古老的宗教的話，那麼最古老的神社，實質上是怨靈的神社。

位於日本奈良三輪山的大神神社，一般認為是日本最古老的神社。大神神社在日本奈良縣櫻井市內，也稱「三輪明神」、「三輪神社」。

大神神社所祭拜的主祭神為大物主大神，配神為大己貴神和少彥名神。

按照日本的官修史書《古事記》，大己貴神（大國主神）以出雲國為據點創立國家，而少彥名神是他的合作者，但是少彥名神去了常世國，為此大己貴神感到很苦惱。一天，突然間海面上霞光萬丈，一個神靈出現了，他說：我就是你的奇魂幸魂，我想住在三輪山──這個神就是大物主神。而在《古事記》完成八年以後成書的官修史書《日本書紀》中，大物主神就是大國主神的別名，他把自己的靈魂作為「大物主神」放在大神神社裡供奉。

傳説大國主神是出雲神話中的最高神素盞嗚神六世孫（《古事記》中如此記載，在《日本書紀》中為素盞嗚神的兒子），他為修治國土，巡遊天下，平定國內，保護農業，在出雲（現在的島根縣一帶）建立了富強的葦原中國。而天皇在神話中的祖先天

照大御神為了讓自己的兒子統治葦原中國，派遣諸神說服大國主神，要他讓出這片富饒的國土，皆未成功。後來派遣建御雷神、天鳥舟神來到出雲國的伊那佐小海濱，拔出十拳劍，問盤腿而坐的大國主神是否願意交出國土，大國主神則把責任推給了兩個兒子──事代主神和建御名方神。建御雷神以武功降服了事代主神和建御名方神，兩個兒子一個自殺一個遠遁，使大國主神不得不把國家讓給天照大神。

大國主神提出了讓自己隱居的要求，並要求為自己隱居建「天之御所」，這樣他就會讓自己手下的 180 名神祇都做天照大神的隨從。他的要求得到天照大神的允許，從此大國主神就「永遠地消失了」。日本有些文化學者認為：所謂的「隱居」，其實是自殺。

神話最大的功能之一，就是為現實的存在尋找根據和理由。當現實的人們覺得生命有限，死將吞噬生命，生之過程中創造的一切都將從自己這裡永遠地消失，生之意義將從自己這裡全部喪失的時候，就會創造出將人從死中永遠拯救出來的神與不死的神話；當人們覺得現實過於黑暗，生之痛苦遠遠超過生活的樂趣時，就會創造出「桃源鄉」和「理想國」的神話。而統治階級創造的神話，則是為自己的存在尋找絕對的、神話的理由，日本的官修史書《古事記》與《日本書紀》中的神話的主要功能，就是為天皇家的歷史和現實的統治尋找神格化的根據與理由。而大國主神的出雲讓國的神話，也是一種以神話折射出的現實中的

大神神社。

歷史。

日本作家井澤元彥則認為：大國主神是「出雲族」這一原住民的王，而天皇家的部落，是掌握了稻作和鐵器製作的具有先進文明的部落，他們具有壓倒「出雲族」的經濟實力。他們從日本的九州或朝鮮半島入侵出雲，經過四次談判要求讓出統治權未果，然後展開了激烈的戰爭。戰爭以「天照大神」為首領的天皇家部落勝利告終，原住民被驅逐，而天皇家為了給大國主神一家的怨靈鎮魂，建造了「天之御所」——巨大的出雲大社。[16]

出雲大社是位於島根縣東部、出雲市大社町的一座神社。日本全國有八萬多個神社，其中，天皇家的伊勢神宮和出雲大社的地位最高、最為特殊。根據《日本書紀》記載，出雲大社是大國主神讓渡國家後獲得的，供奉的神是被稱為「國中第一靈神」的大國主神。現在尚存的神殿是十八世紀建造的，據說已是第 25 次翻造了。現有的神殿高約 24 米，而傳說最早建造的神社，高度約有 96 米，是當時日本最高、最大的神社。

另外，出雲大社還有「大鳥居」牌坊，規模為日本第一。神樂殿上有長十三米、腰圍九米、重達五噸的巨型稻草結——「連繩」，輕如羽毛的稻草，竟能編織成如此巨大、沉重的草繩，這需要高超的技術，更需要一種虔敬。

日本哲學家梅原猛指出：如果將《古事記》裡的神道作為神道的傳統的話，被滅一方的出雲大社建得比伊勢神宮要大，為自己在取得權利時滅掉的人建立鎮魂的神社，要比自己祖先的神社

大──這是日本的傳統。[17]

由此可見，為「怨靈」建立神社，並捧獻最高的尊重，是日本文化的重要支柱之一。

「怨靈祭祀」產生的原因及其文化人類學功能

「怨靈祭祀」，是日本文化的特徵之一，它是產生於日本的風土，而又具有重要的文化人類學功能的一種文化現象。

日本列島地處歐亞大陸板塊、北美洲板塊、太平洋板塊及菲律賓板塊四個板塊的交界處。四大板塊相互碰撞，使得日本列島逐漸從海中突起。由於日本地處四個板塊的交界處，地震和火山活動十分活躍。世界上每年發生的大小地震中，約有 10% 都是在日本附近發生。1996 年到 2005 年期間，在世界上發生的黎克特六級以上的地震中，有 20% 都是發生在日本。古代日本也是如此，週期性的大地震經常在日本發生。平安時代前期的貞觀十一年（869 年）5 月 26 日發生在日本陸奧國（現在的東北地方一帶）東方海面的地震推測達黎克特 8.3 級，加之隨之而來的大

海嘯，使當地受害甚大。因為這一地震被理解為在此地區週期性發生的「三陸海底地震」之一，因此被稱為「貞觀三陸海底地震」。延喜元年（901 年）成書的史書《日本三代實錄》記載了當時的情景：

> 廿六日癸未，陸奧國地大震動，流光如晝隱映，頃之，人民叫呼，伏不能起，或屋仆壓死，或地裂埋殪，馬牛駭奔，或相昇踏，城（郭）倉庫，門櫓牆壁，頹落顛覆，不知其數。海口哮吼，聲似雷霆，驚濤湧潮，泝洄漲長。忽至城下，去海數十百里，浩浩不辨其涯諸，原野道路，惣為滄溟，乘船不遑，登山難及，溺死者千許，資產苗稼，殆無孑遺焉。

除地震、海嘯之外，火山也經常噴發，而且日本的災難，往往是難以預測和難以抵抗的。如果說中國的主要災難多是通過「大禹治水」等古代人類的活動能夠改善和治理的災難的話，那麼日本的自然災害則多數是古代人類束手無策、無能為力的超巨大災難。面對這樣的災難，不了解自然科學的古代人會苦苦尋找它的原因，並反省自己的行為。而尋找災難的原因時，古代人一般只能從人類所面對的最基本的兩種關係——人與自然的關係、人與人之間的關係中尋找。在對人與自然關係的探尋中，他們認為自然萬物有帶來災難的魔力，因此就產生了崇拜萬事萬物的多神論思想；而在對人與人之間關係的探求中，他們猜測看不見、摸不着的死去的人們的靈魂具有帶來災難的魔力，除此之外

他們想像不到其他的原因，而「怨靈」更具有帶來災難的理由和動力，這也許是「怨靈祭祀」成為日本文化重要支柱的理由之一。

而仔細分析，「怨靈祭祀」並不只是消極地躲避災難，還具有重要的文化人類學意義上的功能。

日本是亞洲東部太平洋上的一個群島國家，四面臨海，除東北部海岸外，均被來自熱帶太平洋的暖流環繞，氣候受到海洋的調節，形成較為溫和、濕潤的海洋性季風氣候，比同緯度大陸地區溫暖，降水豐富。對於農耕文化而言，日本的地理環境是得天獨厚的，僅植物的種類就比歐洲多十倍以上。此外，日本河流短促，水量充沛，北部和東北地區有大量積雪；在平原地區，扇狀地形較多，在這扇狀的端部，有地下水自噴，對稻米生產十分有利。而在沖積平原的微高地之間的後背濕地，則不需人為引水也能形成稻田。由於地理環境的特點，日本在彌生時代初期，隨着稻種的引入，逐漸形成了以稻米生產為主的「稻作文化」。

「稻作文化」的特徵決定了古代日本人與人之間的關係，這是一種牢固的較大的共同體結構。水田作業需要治水，建立並堰水路和龐大的蓄水池，這不僅是個人無法完成的任務，僅僅依靠較小共同體也難以完成。在日本，經常是許多村落完成一個用水系統，因此，只有集團甚至較大的集團才能完成一個生產過程。這決定了日本人對「群」的巨大依賴性。

日本人的群體結構，遠比以畜牧文化為基礎的古代歐洲人牢固，這是有目共睹的，就是與同樣以農耕文化為基礎的中國大陸

相比，也遠比以多元的農耕形態生存的中國人牢固。中國有許多依靠天水作業的旱田，和「稻作」相比，旱田勞動可以在較小的集團內，甚至個人範圍內較獨立地完成全部生產過程，它不像「稻作」那樣對集團有強大的依賴性。因此，日本的集團功能，遠比中國的集團功能大，也遠比中國牢固。以基本的集團形態家庭為例就可以看到，日本的家族比中國的家庭牢固。中國的家庭，是以父系血統、男性承繼為支柱的硬性結構，如果父系血統不能在男性身上得到延續，家庭往往會崩潰。而日本的家庭是沒有固定結構的「擬家庭制度」，父系、母系、男性、女性，都可以成為家庭的合法承繼人。正宗與非正宗，在日本家庭延續中沒有意義，而作為共同體結構的家的存續與擴大，才是真正的目的，因此這是一種無條件的、充滿韌性的群體結構。

這種牢固的群體結構，構成日本源遠流長的社會結構，在這種社會結構中形成的精神文化，是一種個人難以獨立、缺乏個性與自我意識的「紐帶文化」。這種「紐帶文化」的特點，一直延續到近現代。

這種物質生產的方式對「大群體」的需要，要求日本要盡量減少群與群之間的對立，需要一種圍繞着「萬世一系」的天皇家的一體感。而「怨靈祭祀」是集團戰爭或集團鬥爭後一種重要的和解信號和文化符號，它可以通過祭祀在一定程度上消解被消滅、被侵略集團及其後代的仇恨心理，使被分裂與破壞的民族一體感得到一定程度的修復。在《古事記》和《日本書紀》的神話

中，被作為怨靈祭祀的諸神都被設定為天皇家的天照大神的親戚或本家，如大國主神是出雲神話中的最高神素盞鳴神六世孫或兒子，而素盞鳴神是天照大神的弟弟，也可以說是最早的怨靈。

在《古事記》的神話中，太陽神天照大神、月亮神月讀（月讀命）和弟弟素盞鳴尊都是父神伊邪那岐所生。素盞鳴尊就是須佐之男（須佐是其名，「之男」是個尊稱，他的尊名還有「建速須佐之男命」，「命」也是一種尊稱）。他是伊邪那岐三子女中的最幼者，伊邪那岐派天照大神管理白晝，派月讀管理夜晚，派素盞鳴尊去管理海洋。

天照大神和月讀都高高興興赴任，只有素盞鳴尊整天哭鬧，不去赴任。生氣的伊邪那岐就把他從海裡趕了出來。於是，喜歡和人在一起的素盞鳴尊，就去看望住在高天原的姐姐天照大神。在這裡，他把好不容易開墾出來的田地的田埂都破壞了，還把馬剝了皮，扔進了紡紗小屋，嚇死了織天衣的織女，嚇得天照大神躲進天石屋戶裡不出來了。於是，高天原變得一片漆黑，大地也沒有了陽光的照耀。為此，眾神在岩洞前舉辦大型歌舞晚會，又唱歌，又跳舞，把天照大神引出來，高天原和大地又恢復了往日的光明，而素盞鳴尊被從高天原驅逐出境。

被從高天原趕出來的素盞鳴尊，降落到了肥河（就是現在日本島根縣的斐伊川）上游的叫做「鳥髮」這個地方的出雲船通山上。在那裡，他殺死了每年要吃一個美麗的姑娘作「人祭」的八歧大蛇，並在大蛇的尾巴裡發現了一把精美的寶劍，素盞鳴尊稱

其為「天叢雲之劍」，並把天叢雲劍獻給了天照大神。這把寶劍，後來被人們稱為「草薙劍」，至今仍是天皇家三件法寶之一。

前日本中央大學教授室井庸一認為：「素盞鳴尊作為『被歧視與抱怨』的象徵曾在民眾的意識中存在，他的確屬於『被歧視與抱怨』系列之神一直在日本民眾的潛意識中代代相傳。」[18]

現在日本的冰川神社，就是供奉素盞鳴尊的神社，一般主祭神中都有素盞鳴尊。被從高天原趕出來的素盞鳴尊所降落的「肥河」，在日語中的發音與「冰川」相同，冰川神社在過去的武藏野國（埼玉縣川越以南、至東京都府中一帶）最多，約有二百多社。

由此可見，日本原始的「怨靈祭祀」傳統，是通過「勝者的謝罪」的民族和解之信號，是人間的分裂在想像中的靈之世界中的彌合，是「紐帶文化」的宗教性修復。它通過對死的全方位的肯定，去沖淡和消解殺戮給生者帶來的噩夢與復仇的執着，通過對被毀壞者、被傷害者、被消滅者的「親緣性」的設定，重塑整個民族「一體化」的感覺。

日本民俗學家柳田國男認為：在日本的民間信仰之中（古神道），在人死後的一定年數以內的靈魂，被稱為「死靈」，由此和「祖靈」相區別，經過一定年數的供奉，「死靈」則在不斷的供奉中逐漸失去個性，到了死後的一定年數以後（日本各地各有不同，有的 50 年，有的 33 年，有的 30 年），要舉行「升祀」活動，經過了「升祀」活動的「死靈」，就成為了完全失去個性的

「祖靈」的一部分。

　　由此可見，在日本神道中，祭祀本身，就是一種民族一體感的全方位回歸的過程。

佛教的傳入和怨靈祭祀

　　乘近畿日本鐵道吉野線到了飛鳥站（奈良縣高市郡），無論如何也要下車看看，日本飛鳥時代宮廷的遺址，就在離車站不遠的明日香村，飛鳥時代約始於公元 600 年，止於遷都平城京的 710 年。

　　這段旅行先從豐浦寺遺蹟的標示開始。綠油油的樹蔭中知了唱個不停，更增添了這裡的閒寂之感，讓人想起日本著名俳人芭蕉那句著名的俳句：「寂寞呀，蟬聲滲進岩石裡。」

　　但是這裡曾是浴血搏鬥的舞台，是日本第一座佛寺的遺蹟。公元 552 年，百濟聖明王將一座金銅佛像獻給欽明天皇，這是初渡日本的第一座佛像。（一般以日本欽明天皇十三年（552 年）百濟的聖明王進獻佛像、經綸、幡蓋和上表勸信佛法，為日本佛教

之始。另一説是繼體天皇十六年（522年），南梁司馬達等來到大和，建立草堂，安置佛像禮拜，為日本佛教之始。）

在朝廷中掌管財政的蘇我氏，是積極吸收外來思想和文化的進步勢力，主張崇佛；而在朝廷掌握軍事的貴族物部氏，則主張信仰原來的氏神，以維護氏姓制和部民制，堅決反對崇佛，於是兩派間圍繞崇佛與排佛展開了激烈鬥爭。

587年，用明天皇（585-587年在位）死後，以皇位繼承問題為契機，蘇我馬子討滅物部守屋取得勝利。打敗物部氏之後，蘇我馬子立泊瀨部皇子為天皇，即崇峻天皇（587-592年在位）。592年，蘇我馬子唆使部下刺死天皇，為了獨攬朝政，同年12月，馬子推舉外甥女炊屋姬繼位，是為日本歷史上第一位女帝——推古女皇（592-628年在位），而天皇重用外甥聖德太子掌管朝政。

聖德太子是一名虔誠的佛教徒並熟讀中國經典。在聖德太子的推行下，日本以唐代為藍本，遵循儒家思想的等級和禮儀模式，制定的十七條憲法，為無秩序的日本官僚和貴族社會提供了道德規範和統治模式。

而所謂「飛鳥文化」，就是與上述那段驚心動魄的歷史互為表裡的文化，就是在六朝文化影響下，以奈良法隆寺為中心的國際化的佛教文化及聖德太子的《十七條憲法》、《三經疏注》為代表的思想文化及當時燦爛的佛教美術。

這以後，佛教經典的傳入，主要是靠遣隋使和遣唐使帶回

聖德太子像，菊池容齋繪。

日本。

為了使「鎮護國家」之佛教具有權威性，日本第九次派遣唐使去中國，希望能聘請高僧來日傳道弘法。在隨第九次遣唐使船赴唐的日僧榮睿、普照力邀之下，道璿（702-760 年、736 年來日）和鑒真等衝破艱難險阻，先後來到日本。

日本信仰佛教的人很多，據統計約有九千六百萬人，約七萬五千寺院，有佛像三十萬尊以上。

日本人對信仰採取一種兼容的態度，信神道教的人可能是佛教徒，佛教徒也可能信仰神道。

據《日本書紀》記載，舒明天皇十一年（639 年）12 月，朝廷在百濟川（流經大阪一帶的河流）旁邊建立的九重塔，後將聖德太子在平群郡（飛鳥時代大和國奈良縣的郡，在現在的生駒市、生駒郡一帶）熊凝精舍移到此地命名為百濟大寺。這一年也在百濟大寺附近建立了舒明天皇的皇宮百濟宮，百濟大寺是佛教精舍，而舒明天皇將其作為天皇家的氏寺加以供奉。

以往天皇家的氏神（祖先神）都是在神道的神社裡供奉，而將佛教精舍作為氏寺，使神佛同列為皇家承認，也使自欽明天皇時代佛教公傳以來神佛地位的問題得到了解決。

百濟寺以十一面觀音為本尊，佛堂則以百濟的梵閣「龍雲寺」為範本建造而成。

十一面觀音（梵名 Ekādaa mukhānām Avalokitevara）是六觀音之一，即觀音菩薩的變身之一。由於形象上具有十一頭面，所

日本法華寺的平安時代木製十一面觀音。

以通稱為十一面觀音。《十一面觀世音神咒》約在公元 561 至 577 年間首先由北周譯經僧耶舍崛多譯出,並開始在中土流傳。約在公元 656 年間,玄奘大師譯出《十一面神咒心經》,使此經的流傳達到頂峰,這以後,此咒在中土就漸漸衰落了。

據經文所載,十一面觀世音在無量劫(佛經言天地從生成至毀滅為一劫,計數不盡的時節為無量劫)以前,從百蓮華眼頂無障礙功德光明王如來(佛名)受持此咒,即證無生法忍。若至誠清淨如法持誦,必可與觀世音菩薩的慈悲願力感應,且獲得十種殊勝的利益:

一者離諸疾病。

二者一切如來攝受。

三者任運獲得金銀財寶諸穀麥等。

四者一切怨敵不能沮壞。

五者國王王子在於王宮先言慰問。

六者不被毒藥蠱毒,寒熱等病皆不着身。

七者一切刀杖所不能害。

八者水不能溺。

九者火不能燒。

十者不非命中夭。

從持頌持誦《十一面觀世音神咒》所得十種殊勝的利益來看,其第四種為:「一切怨敵不能沮壞」,這裡有通過神咒鎮壓怨靈的意思,但是這種思想傳入日本後在佛教與神道的融合過程中

漸漸被消解。

　　養老四年（720 年），位於日本九州南部的隼人部落發動反抗大和朝廷的叛亂，大和朝廷任命大伴旅人（奈良時代初期的政治家）為「征夷將軍」，率領一萬人前往南九州鎮壓，而當時歸屬大和朝廷的宇佐（現在的大分縣北部）的人們抬着宇佐地方的氏神——八幡神的神輿（載神的轎子）前往隼人部落征討，三年後大勝而歸。他們從戰場上把一百個隼人首級帶回宇佐，在宇佐神宮向西約一公里的地方建立了「凶首塚」，不久又建立了祭祀隼人之靈的「百太夫殿」，也就是現在的百體神社。這以後，據說八幡神下達了「宣託（神旨）」，表示神為在鎮壓隼人的戰鬥中殺生深感苦惱，希望自己能夠得以解脫。並希望依據佛典《金光明經》的「流水長者品」舉行「放生會」，以祭奠隼人之靈。因此在天平十六年（744 年），當地在和間海濱（現在大分縣宇佐市）舉行了將魚貝類放回大海的「放生會」，這種放生會一直延續至今。這種八幡神向佛請求拯救的圖式，就是日本「神佛合一」的開始，而「神佛合一」開始的最基本特徵，就是將日本傳統的「怨靈信仰」佛教化，在現在日本的八萬餘神社中，供奉八幡神的神社就有四萬多。

怨靈復仇的「單向性」的確認

我們上面所說的「四大怨靈」的出現過程，也是日本人對怨靈復仇的「單向性」的確認過程，就是說：怨靈有能力向活着的人進行報復；而活着的人對怨靈只能祭拜、崇敬，難以鎮壓。

怨靈作為一個單詞最早出現在承和七年（840 年）完成的敕撰史書《日本後紀》延曆二十四年（805 年）四月甲辰條中：「令諸國奉為崇道天皇，建小倉，納正稅四十束，並預國忌及奉幣之例，謝怨靈也。」

文中所提到的「崇道天皇」，就是我們上文提到過的「第一大怨靈」早良親王。導致早良親王恨死的桓武天皇在早良親王去世後身邊人相繼去世，災害橫生，使他不得不遷都。桓武天皇採用了無數辦法都不能使災害消減，反而愈演愈烈，因此使他相信：這一切都是早良親王作祟，而且此祟不能以鎮壓的方法消退，只能敬而祭之。

據日本學者山田雄司的論文〈怨靈的思想〉，日本僧人玄昉於龜靈二年（716 年）入唐，天平七年（735 年）歸國，帶回許多雜密經典，其中就有我們前面提到的《十一面觀世音神咒》。而從那時以後，日本很快製造了許多變化觀音，不僅官方佛教相關者製造，而且民間的山林中也出現了許多，這是為了鎮壓帶來

災害的怨靈而造的。特別是民間山林的變化觀音，還有詛咒、壓制、迷惑政敵的作用。在《觀音經》中，有諸如「詛咒諸毒藥，所欲害身者，念彼觀音力，還着於本人」這樣的句子，《觀音經》也是在受到怨靈攻擊時如何皈依佛法的指南。

變化觀音的一個例子，就是奈良市中町靈山寺的十一面觀音像。這座十一面觀音和其他的十一面觀音不同，頭部特別大，而身體被壓縮得很小，顯得不均衡，而且兩支胳膊特別細，人們認為這是表現有鎮壓怨靈的可畏的威力、同時具有祈殺怨敵之威力的觀音像。[19]

但是，可能是由於早良親王怨靈的「不可征服」，使十一面觀音被引進日本後所形成的「鎮壓怨靈」的思想，在日本徹底演變為「供奉怨靈」的思想。

《扶桑略記》桓武天皇延曆十六年（797 年）丁丑正月十六日條中記載：

> 興福寺善珠任僧正，皇太子（後來的平城天皇）病惱間，施般若，驗，仍被抽賞。去延曆四年十月，皇太子早良親王將被廢，時馳使諸寺，令修白業，於時諸寺拒而不納，後乃到菅原寺，爰興福寺沙門善珠含悲出迎，灑淚禮佛訖之後，遙契遙言，前世殘業，今來成害。此生絕仇，更勿結怨。使者還報委曲，親王憂裡為歡云，自披忍辱之衣，不怕逆鱗之怒。其後親王亡靈屢惱於皇太子，善珠法師應請，乃祈請云，親王出都之日，厚蒙遺教，乞用少僧之言，勿致惱亂之苦，即轉讀般若，

說無相之理。此言未行，其病立除，因茲升進，遂拜僧正。為人致忠，自得其位也。[20]

這段文字的意思是說：奈良興福寺有位僧正（管理地方僧尼事務的僧官）叫善珠，平城天皇在皇太子時代有病，善珠為其唸《般若經》，使其病癒，因此很受朝廷賞識。延曆四年（785年），皇太子早良親王將被廢黜，他令手下人去各個寺廟，請僧人為其唸經修善果，而諸寺拒而不納。後來到了菅原寺，當時在菅原寺（在現在的奈良市）的興福寺沙門善珠悲憫親王的命運出迎，灑淚禮佛之後，令使者向親王轉達：前世之業，今來成害。此生應絕仇恨，更勿結怨。使者將此言報告親王，親王轉憂為喜，他說：甘披忍辱之衣，不怕觸天皇逆鱗之怒。其後親王亡靈屢惱皇太子，善珠法師應請去為皇太子唸經祛病，善珠說：親王出都之日，貧僧深蒙遺教，如用貧僧之言，不會有惱病之苦，隨即讀《般若經》，說無相之理。皇太子病狀立除，善珠因此升進，拜為僧正。善珠為人忠厚，自得其位也。

山田雄司在〈怨靈的思想〉一文中認為：正是善珠，在早良親王的慰靈活動中，基於「以怨報怨，如草滅火；以慈報怨，如水滅火」的思想，使十一面觀音被引進日本後所形成的「鎮壓怨靈」的思想，發生了根本的轉換，轉化為通過尊崇和祭祀「切斷怨的連鎖」的思想，他是「怨靈鎮撫」過渡期的重要僧人。而他的思想，被最澄（767-822年，平安時代僧人）和空海（774-

最澄像，繪於平安時代。

835 年，平安時代僧人）繼承，在早良親王的慰靈活動中繼續展開。[21]

最澄在延曆十六年（797 年）12 月開始奉職於皇宮中的內道場（內道場，又稱內寺，即皇宮中祠佛場所），他作為御齋會（宮中法會）的讀經禪師和夜居宮（夜裡在宮中加持祈禱的場所）中的僧人被指定為大內供職十禪師之一，也是鎮祭早良親王怨靈的加持僧。他在長期講解《法華經》、《金光明經》、《仁王般若經》時所用的發願文和講義等在弘仁三、四年（810-811 年）總結整理成《三部長講會式》一書，此書由「長講法華經先分發願文」、「長講法華經後分略願文」、「長講金光明經會式」、「長講仁王般若經會式」四部分組成，其中「長講法華經先分發願文」中有這樣一段：

> 願崇道天皇、吉野淡路等，橫夭皇子靈。親王及夫人、伯伴成子等，一切中夭靈。東夷諸將軍、及曹諸將軍，一切橫死靈。及以凶奴等，結怨橫死者，西戎諸將軍。及曹諸將軍，一切橫死靈，及以隼人等。結怨橫死者，松浦少貳靈、九國橫死者。八島惡鬼神，一切鬼龍等，及魑魅魍魎。永離業道患，歸依法華經，衛護日本國。益國利人民，恆修薩埵行，速成無上道。[22]

這段話的內容，就是祈願崇道天皇（早良親王）等「結怨橫死者」之靈皈依《法華經》，利國利民。其中涉及的所有日本人，

都不是日本大和朝廷的功臣或英雄，從大和朝廷的角度來看，他們是「罪人」、「叛逆者」、廢帝等，但是他們都成了大和朝廷供奉的對象，祈禱他們成佛成道，成為「衛護日本國，益國利人民」的「祖神」，而其中談到的「凶（匈）奴」，對於當時與中國唐朝關係緊密的平安王朝來說，是應被稱之為「蠻族」的，也可以說是廣義上的敵人，但是這些人都在他們加持祈禱祈願其成佛成道的範圍內。由此可見十一面觀音被引進日本後所形成的「鎮壓怨靈」的思想，在日本徹底演變為「供奉怨靈」的思想的過程。

在日本平安時代（794–1180 年）初期，由於早良親王的怨靈問題以及朝廷的對應，怨靈復仇的單向性——怨靈可以向現世復仇，而現世對怨靈除了崇敬和安撫別無他路這一認識在平安朝統治階級那裡形成了共識，從而完成了日本的「御靈信仰」。「長講法華經先分發願文」中所指的需要超度之「靈」，主要有兩類，一是像早良親王、伊予親王、藤原廣嗣等「怨靈」；再就是在戰爭中死去敵我兩軍的將士等的「橫死靈」。櫻木潤在論文〈從最澄撰「三部長講會式」所見御靈〉中認為：弘仁年間，不僅選擇所慰撫之靈的對象，而且將這些所慰撫之靈稱為「御靈」的觀念已經成立，就是說，在「三部長講會式」成立的弘仁三、四年，「御靈」的信仰已經存在。

由於怨靈復仇的「單向性」的確認和日本的「御靈信仰」的完成等因素，日本從平安時代的弘仁元年（810 年）到鎌倉時代

的保元元年（1156 年）的 347 年之間，停止了死刑的執行。據日本鎌倉時代描寫戰爭的「軍記物語」《保元物語》記載，保元之亂後，對源為義等源平七十餘人處以斬首，由此自嵯峨天皇弘仁元年（810 年）誅藤原仲成以來中斷了 347 年的死刑重新恢復。弘仁元年（810 年），日本歷史上發生的一次未成功的政變——「藥子之變」。[23]

當時正處於桓武天皇、平城兩代天皇為「早良怨靈」苦惱不堪的時代，嵯峨天皇對再出現「仲成、藥子怨靈」等新的怨靈一定是噤若寒蟬，雖然政敵敗亡，但是他自己卻日益不安，終日惶惶，不知如何解憂。為了最大限度地減少「怨靈」出現，他下旨停止死刑。據《保元物語》「忠正、家弘（保元之亂中崇德上皇一方的武士）等被誅殺之事」一節記載：「吾朝昔日嵯峨天皇之世，自右衛門督仲成被誅以來，有『死者不能二度由此返生，不便之事也』之議定，遂停止死罪久矣。」

怨靈信仰是日本王朝文化的精髓，它本身與現代的人道主義息息相通。由於怨靈信仰，日本平安王朝的皇家與貴族極度厭惡殺戮，竟然創造了 347 年停止死刑執行的古代世界史奇跡。

在討論當時停止死刑的原因時，雖然有種種說法，如佛教傳入、世情安定等等，但是結合當時的時代背景來看，「怨靈恐懼」無疑是一個重要因素，而最澄的「長講法華經先分發願文」就是在死刑停止後二、三年後寫成的。

保元之亂後，武士登上了歷史舞台，沒有死刑的歷史也宣告

結束。日本文化「菊」的性格被「刀」的性格遮蓋，那在瑟縮櫻花中顫抖的怨靈信仰，也被新時代剛毅的武士精神超越和取代。

註釋

1 東大寺：位於奈良市雜司町，728 年由信奉佛教的聖武天皇建立，日本華嚴宗大本山，南都七大寺之一，距今約有一千二百餘年的歷史。1998 年作為「古都奈良の文化財」（古奈良的歷史遺蹟）的一部分被列為世界文化遺產。

2 長岡京：位於日本京都盆地的西南部，公元 784 年日本桓武天皇曾將京城由奈良遷至該地，使其一時成為當時日本政治、經濟、文化的中心。

3 京都七大寺：也稱南都七大寺，指奈良時代的七大官寺。起初包括 686 年興建的大官大寺、川原寺、飛鳥寺，後來加上豐浦寺而成為四大寺。公元八世紀後半葉，大安寺、元興寺、藥師寺、興福寺、東大寺、西大寺、法隆寺並稱為七大寺。

4 內裡：日本古代皇城中天皇的私人生活空間，也成為「御所」、「禁裡」、「大內」等。

5 大納言：納言原為中國古代官名。新朝王莽時，改大司農為納言。隋朝因為隋文帝的父親名叫楊忠，為忠避諱，改門下省主管侍中為納言。武周又改侍中為納言。日本律令制時代借中國的納言之名，設大納言、中

納言、少納言，作為太政官的屬官。

6 正三位：日本古代官位階級從上至下有「正一位」一直到「正九位」及「大初位」、從「從一位」到「從九位」及「少初」的等級，從三位以上為貴族階級。

7 弁官：日本朝廷組織的最高機關中的職務，分為：左大弁、左中弁、左少弁、右大弁、右中弁、右少弁。

8 內藏頭：內藏為管理天皇家財寶的倉庫，內藏頭是內藏的長官。

9 兵衛：日本古代天皇的衛士，分為左右兵府，各 400 人。

10 鎮守府將軍：日本在奈良時代至平安時代期間所設的一個令外官，職掌東北地區北方的防務。

11 關白：日本平安時代官名。日本天皇年幼時太政大臣主持政事稱「攝政」，天皇成年親政後改稱「關白」。

12 左大臣：平安時代令官，太政大臣以下的最高級官員，政務實權總攬的高官，政事綱目及諸事總裁。

13 岩稻荷：山中恒在文中提到的岩稻荷，是以日本江戶元祿時代發生的事件為基礎寫成的怪談故事集，講的是一個叫做「岩」的少女的故事。在江戶四谷居住的武士田宮又左右衛門招浪人（古代日本離開戶籍地到外地或外國流浪的武士）伊右衛門為婿，與自己的女兒岩結婚。伊右衛門變心，與岩離婚，岩受到了很大的打擊，狂亂不已，離家出走。後來她變成幽靈復仇。這個故事成為歌舞伎、單口相聲的重要題材，也有同樣題材的電影，現在在東京四谷有岩稻荷田宮神社。

14 山中恒：《靖國神社問題》，小學館，2003 年，頁 44。

15 柳田國男：《定本柳田國男集卷十》，筑摩書房（『定本 柳田國男集 卷十』、筑摩書房），1962 年，頁 474-475。

16 井澤元彥：《傳說的日本史》，第一卷，株式會社光文社（『伝說の日本史』、第一卷、株式會社光文社），2012 年，頁 46。

17 《世界》，岩波書店（『世界』、岩波書店），2004 年 9 月號，頁 73。

18 《神道之書》，學習研究出版社（『神道の本』、學習研究出版社），1992 年，頁 69。

19 《日本思想史講座 1—古代》，塘鵝社（『日本思想史講座 1—古代』、ぺりかん社），2012 年，頁 265-266。

20 《日本逸史 扶桑略記》，國史大系，第 6 卷，經濟雜誌公司編輯出版，1897-1901 年，頁 583-584。

21 同註 19 引書，頁 263-265。

22 這段話的內容，就是祈願崇道天皇（早良親王）等「結怨橫死者」之靈皈依《法華經》，利國利民。其中崇道天皇我們前文已經提到，「吉野淡路等，橫天皇子靈」，是在寶龜六年（775 年）和母親井上內親王一起死去的他戶親王。他戶親王生於天平寶字五年（761 年？），卒於寶龜六年（775 年）4 月 27 日，為日本第四十九代光仁天皇之皇子，寶龜二年（771 年）立太子。其母井上內親王（717-775 年）為光仁天皇之皇后，聖武天皇與縣犬養廣刀自夫人之女，在光仁天皇尚為親王時納為妃，育他戶親王。井上內親王被控使用巫蠱咒魘丈夫光仁天皇遭廢黜，隨後兒子他戶親王也被廢去太子名位，母子被幽禁於大和宇智郡（現在的奈良縣五條市）沒官之宅，同日而卒，人們推測是同遭暗殺。死後災

異突生，人言是井上內親王怨靈作祟，光仁天皇下旨遷葬，遷葬墳墓稱為「御墓」。直到延曆十九年（800 年），井上內親王才恢復皇后名位，御墓改曰「山陵」。

在淡路怨死的皇子還有大炊王，也就是淳仁天皇，淳仁天皇自天平寶字二年 8 月 1 日（758 年 9 月 7 日）至天平寶字八年 10 月 9 日（764 年 11 月 6 日）在位。淳仁天皇因權臣藤原仲麻呂的擁立而即位，在位時重用藤原仲麻呂，改官名為唐式，奉孝謙上皇執行國家大事。時中國發生安史之亂，淳仁天皇欲送去牛角作為武器原料，支援大唐皇室。由於孝謙上皇和僧人道鏡擅權，藤原仲麻呂起兵討伐，反遭殺身之禍。由於與藤原仲麻呂的關係，淳仁天皇被迫退位，以親王的身份流放到淡路國。那時跟隨淳仁天皇到淡路的官員有很多，加之在首都平城京（奈良）也有希望淳仁天皇復辟的勢力，因此懷有政治危機感的孝謙上皇，於第二年，即天平神護元年（765 年）2 月命令淡路國的國守佐伯助等人強化對淳仁天皇的警戒。這一年的 10 月，淳仁天皇企圖逃跑，被捕後於第二日去世。正式公佈的死因是病故，但實際上逃跑時被害的可能性很大。淳仁天皇史稱「廢帝」或「淡路廢帝」。

接下來的「親王及夫人、伯伴成子等，一切中夭靈」，從年代來看可能是指伊予親王。伊予親王生於延曆二年（783 年），卒於大同二年11 月 12 日（807 年 12 月 14 日），是平安時代初期的皇族，桓武天皇的第三王子，官職至三品、中務卿，追贈一品。

延曆二十五年（806 年），桓武天皇去世後，皇太子安殿親王（平城天皇）即位。平城天皇冊立同母弟神野親王（嵯峨天皇）為皇太弟，

伊予親王被任命為中務卿兼大宰帥，第二年大同二年（807年），伊予親王被作為謀反的首謀者與其母藤原吉子（藤原南家）一起被幽禁在川原寺（弘福寺），絕食後，飲毒自盡。大同四年（809年）4月，平城天皇發病，以為病因是早良親王、伊予親王的亡靈作祟，為避禍讓位予神野親王。

「伯伴成子等」，可能是指我們在前文所講的暗殺藤原種繼事件中被殺的大伴繼人、佐伯高成等人，延曆四年（785年）藤原種繼被反對遷都的貴族暗殺。以藤原種繼暗殺事件為契機，早良親王被指為幕後黑手。事件發生不久前的舊曆8月28日去世的大伴家持被作為首謀者，從官籍中除名，死後不准下葬，大伴竹良等人作為暗殺犯被逮捕，調查審訊之後，大伴繼人、佐伯高成等十幾人遭斬首。因此事件被連坐而流放的還有五百枝王、藤原雄依、紀白麻呂、大伴永主等多人。

「東夷諸將軍、及曹諸將軍，一切橫死靈」中的「東夷」，本是古代中國對東方異民族的蔑稱，也是中國古時中原對山東一帶的蔑稱。秦以後指朝鮮半島和日本列島居住的人們，而日本古代是指位於大和朝廷所處的奈良等地的東方，也就是現在的關東、東北地方及北海道居住的人們。這裡可能是指恒武朝以來在大和朝廷的東征戰爭中戰死的將士等。

「及以凶奴等，結怨橫死者，西戎諸將軍」中的「凶奴」，應為「匈奴」，這裡最澄安魂的對象，已從日本跳躍到當時他的知識範圍所能知道的「世界」領域。

當時中國所說的匈奴是指古代蒙古大漠和草原上的遊牧民族，在秦

漢之前，中原人對北方的遊牧民族和西域城邦國家都統稱為「胡」，秦漢以後「胡」則主要指匈奴。他們大部分生活在戈壁大漠，最初在蒙古建立國家。

秦始皇時將軍蒙恬率領三十萬秦軍北擊匈奴，公元前 215 年匈奴被逐出黃河河套地區，蒙恬從榆中（今屬甘肅）沿黃河至陰山構築城塞，連接秦、趙、燕五千餘里舊長城，構成了北方漫長的防禦線。

漢初（前 201 年）韓王信投降匈奴。次年，漢高祖劉邦親率 32 萬大軍征討，在白登（今山西大同東北）被匈奴冒頓單于三十餘萬騎兵圍困，後用計逃脫，之後漢朝對匈奴實行「和親政策」，以漢室宗女嫁與單于，並贈送一定數量的財物，然而匈奴仍不滿足，不時出兵侵擾邊界。

自漢武帝元光六年（前 129 年）起，匈奴受到漢朝軍隊的攻擊，漢武帝元朔六年（前 123 年）匈奴將主力撤回漠北地區，至漢武帝元狩四年（前 119 年）匈奴國已經完全退出漠南地區。漢元帝竟寧元年（前 33 年），匈奴王呼韓邪向漢求親，王昭君出塞嫁與匈奴單于後，匈奴人已重新回到漠南，雙方依漢元帝永光元年（前 43 年）的約定以長城為界。東漢初年，匈奴貴族中的反漢勢力重新抬頭，導致匈奴再次分裂，南匈奴歸順漢朝，而北匈奴則堅持與漢為敵，經常發動對南匈奴和漢人的掠奪。公元 73 年，漢軍四路出擊北匈奴，並奪取了伊吾（今新疆哈密）。漢和帝時，又發動了針對北匈奴的反擊戰，大敗北匈奴，公元 91 年，漢軍再次出擊北匈奴，對北匈奴的戰爭取得了全面勝利，北匈奴退出蒙古高原向西敗退。

而「西戎」，是古代中國人對西部各民族的稱呼，西周到戰國，主要是指氐羌系各部落，秦漢以後，狹義即指氐羌諸部，廣義則包括中國西部各民族。《史記‧秦本紀》中曾記載許多與西戎族相關的來往或交戰記錄。

而最澄在這裡所指的慰靈對象是在與古代中國的無數次戰爭中死去的遊牧民族及中國西部民族的亡靈。

「結怨橫死者，松浦少貳靈、九國橫死者」中的「松浦少貳靈」，指藤原廣嗣之亂中被殺的藤原廣嗣。藤原廣嗣生年不詳，卒於天平十二年 11 月 1 日（740 年 11 月 28 日），是奈良時代的廷臣。在聖武天皇朝權傾朝野的藤原四兄弟，也就是右大臣藤原不比等的四個兒子藤原武志麻呂、藤原房前、藤原宇合、藤原麻呂在天平九年（737 年）相繼去世之時，藤原廣嗣由從六位上升至從五位下。天平十年（738 年），兼任大養德（大和）守。當時僧玄昉任僧正之職，居大內道場，蒙皇帝恩寵，炙手可熱。他以為皇后說法的名義，近侍於光明皇后（藤原光明子）左右，醜聞流佈到宮廷之外。藤原廣嗣建議驅逐僧玄昉，聖武天皇沒有採納。同年，在當時朝廷內反藤原氏勢力崛起的背景下，藤原廣嗣被以誹謗親族的理由，貶官為太宰少貳。

藤原廣嗣到大宰府（位於九州）赴任，對貶官之事抱有強烈不滿，而藤原廣嗣之妻有姿色，留居京師，僧玄昉圖謀侵犯她。藤原廣嗣之妻將此事修書至太宰府，藤原廣嗣大怒，於天平十二年 8 月 29 日（740 年 9 月 24 日）上書天皇，說災厄的元凶乃反藤原氏首領右衛士督吉備真備和僧玄昉，並請求處分反藤原勢力的要人吉備真備和僧玄昉。而重

用吉備真備和僧玄昉的左大臣橘諸兄說藤原廣嗣如此上書即為謀反，聖武天皇為此下詔欲召回藤原廣嗣。藤原廣嗣抗旨不遵，與弟弟藤原綱手一起率領大宰府的軍隊和隼人（隼人是古代生活在日本南九州薩摩、大隅等地的一個少數民族，語言屬於南島民族，古稱為熊襲，後來被大和族同化）等，組成了一萬餘人的軍隊，以「清君側」為名掀起叛亂，但叛亂被以大野東人為大將軍的討伐軍鎮壓。藤原廣嗣兵敗後在九州的肥前國松浦郡被捕，並在肥前國唐津被斬首。九州古時也稱「九國」，因此「九國橫死者」，應指在藤原廣嗣之亂中死去的討伐將士和被討伐者。

　　「八島惡鬼神，一切鬼龍等，及魑魅魍魎」則是指一切冤魂惡鬼、魑魅魍魎，希望他們全部「永離業道患，歸依法華經，衛護日本國。益國利人民，恆修薩埵行，速成無上道。」所謂「薩埵」，為梵文 Sattva 的音譯。意譯「有情」、「眾生」。對一切有情識者的通稱。下至「蠕動含靈」的微蟲，上至鄰近於佛的菩薩，皆稱薩埵。日本曹洞宗開山之祖道元在《修證義》中說：「所謂眾生利益者，有四枚般若，即一、佈施，二、愛語，三、利行，四、同事，此即薩埵行願也。」（本文「長講法華經先分發願文」中所涉及的人物的考證，參考了日本學者櫻木潤的論文〈從最澄撰「三部長講會式」所見御靈〉，見《史泉》，關西大學史學地理學會，2002 年，頁 42-43。但是有些觀點與該論文不同。）

[23] 藥子之變：延曆二十五年（806 年），桓武天皇駕崩，皇太子安殿親王（平城天皇）即位，第二年的大同二年（807 年），就發生了上文提到的伊予親王被作為謀反的首謀者與其母藤原吉子（藤原南家）一起被幽禁在川原寺（弘福寺）並絕食飲毒自盡的事件。大同四年（809 年）4 月，

平城天皇發病。以為病因是早良親王、伊予親王的亡靈作祟的平城天皇為避禍，決定讓位予神野親王（嵯峨天皇），自己成為上皇。嵯峨天皇登基後採納了一系列新政，這些新政引起了許多人不滿，同時平城上皇的病出乎意外地好轉，因此對嵯峨天皇的新政不滿的人就開始聚集在他身邊，形成了一個與嵯峨天皇相對抗的勢力。810 年 9 月，平城上皇的身體大見起色，他命令將都城從平安京（位於現在的京都府京都市中心地區）搬到平城京（地處今奈良市西郊），嵯峨天皇對平城上皇不把自己這個現職天皇放在眼裡，擅自發出遷都命令十分惱火，雙方矛盾急遽升溫，大有背水一戰之勢。平城上皇此時在他的寵妃藤原藥子及其兄藤原仲成的幫助下試圖推翻嵯峨天皇，重新執政，但這個計劃沒有成功。嵯峨天皇於 9 月 10 日先發制人，平城天皇被幽禁，後來出家；藤原仲成被殺，藤原藥子服毒自殺。這一事件史稱「藥子之變」。

第三章

日本人生死觀的變遷

藤原家與攝關政治

引起日本恢復死刑制度的是保元之亂，保元之亂的雙方均借助武士的力量作戰，標誌着武士階層走上日本政治舞台，成為日本武家政治的開端。

關於保元之亂的簡單經過我們在上文談日本第四大怨靈崇德上皇時已經提及，在這裡再稍加詳細講述一下保元之亂以及武士階級走上日本政治舞台的過程。

在日本歷史上，天皇親政的時期實在不多。從平安時代（794–1192 年）中期開始，外戚藤原氏執掌大權，以外戚的地位實行寡頭貴族統治的政治體制——攝關政治。

「攝關」是攝政和關白的合稱。天皇年幼時，由太政大臣代行政事稱「攝政」。天皇年長親政後，攝政改稱「關白」，輔助天皇總攬政事。

藤原氏和皇室的關係，可以追溯到遠古。藤原氏的祖先是春日大社（現在奈良市）的祭神天兒屋命。我們前面提到過，在《古事記》的神話中，為了引出天照大神，眾神在岩洞前舉辦大型歌舞晚會，又唱歌，又跳舞，還有精通咒術的神獻上祝詞，他就是天兒屋命。而被認為是天兒屋命第十三世孫的藤原鐮足，在 645年與中大兄皇子（天智天皇）一起進行了大化革新，廢除大豪族

壟斷政權的體制，向中國皇帝體制學習，成立古代中央集權國家，給日本歷史帶來了巨大的變革。

大化改新以前，蘇我氏等大豪族控制政權，天皇家族沒有什麼實權。公元 645 年 6 月，中大兄皇子聯合貴族中臣鎌足（藤原鎌足）發動政變，刺殺當時掌握朝政的權臣蘇我入鹿，其父蘇我蝦夷被迫自殺，皇室奪取政權。

中臣鎌足臨終之際受賜大織冠'及「藤原氏」之姓。所以自中臣鎌足改名之後至臨終之前，是一直使用「中臣鎌足」之名，作為「藤原氏之祖」的時候被稱為「藤原鎌足」。

藤原鎌足之子藤原不比等在文武天皇元年（697 年）因有擁立草壁皇子之子輕皇子（文武天皇）即位之功，因此作為文武天皇的保護人登上了政治的前台，他又讓女兒藤原宮子嫁給了文武天皇，這使藤原不比等逐漸掌握了政治實權。

文武天皇二年（698 年），文武天皇下詔：「先朝所賜藤原朝臣之姓，應該由藤原鎌足之子藤原不比等繼承。藤原鎌足其他的兒子等供奉神事，應該恢復舊姓中臣朝臣。」因此，藤原不比等也被認為是藤原氏的實質性始祖。

文武天皇不僅賜予藤原不比等家藤原之姓，而且允許他們在朝廷中的最高機關太政官中任職。

藤原不比等有四個兒子，在長大成人後紛紛獨立興家，形成了藤原四家，也就是北家、南家、式家、京家四家。而在 737 年，這藤原四家的創立者都得傳染病去世了。在奈良時代和平安

時代初期，這四家中的南家和式家比較發達，平安時代初期以後，北家的實力急遽發展，實力越來越大。

北家中的藤原良房（804-873 年）將自己的女兒明子嫁給第五十五代天皇文德天皇作皇后成為外戚，明子所生惟仁親王九歲時即位，成為清和天皇（858-876 年在位），藤原良房在 858 年首次作為人臣任攝政。在藤原良房以前也有過攝政，但是都是出自皇族。從藤原良房任攝政起，開始正式形成通過輔佐幼少天皇而獨攬朝廷大權的藤原式統治形態。887 年，其養子藤原基經作為人臣首任關白，使攝關政治完成。在藤原家的女兒雖成為皇后但是沒能生出兒子的時代，攝政只好停止。藤原基經雖歷清和天皇、陽成天皇、光孝天皇、宇多天皇四代，官至從一位攝政關白太政大臣，准三宮，但 891 年正月藤原基經死後，宇多、醍醐兩朝近四十年間未設攝政、關白，天皇親自執政。及至 930 年 6 月，朱雀天皇繼位，藤原基經四子忠平擔任攝政、太政大臣，941 年 10 月又改任關白，成為日本歷史上的第二位關白，攝關政治再度恢復。949 年忠平死後，攝關政治又中斷了 18 年。967 年 10 月至 1086 年的一百餘年間，是攝關政治的發展期。尤其是在藤原道長、藤原賴通父子時達到最盛，道長的四個女兒藤原彰子、藤原妍子與藤原威子皆為皇后，另一個女兒藤原寬子為東宮妃。因為三個女兒都嫁給了天皇，藤原道長掌握了極大的權勢，在其權勢達到頂峰的時期，他曾寫下一首和歌「此世即吾世，如月滿無缺」來描述自己的心境。這期間的天皇大多是在藤原氏家

出生、成長的，幼年即位，諸事聽任外戚決斷，因而「攝政即天子」，「關白之府第無異朝廷」。攝政、關白家管理莊園的事務所，成為執行國政的中心，朝廷僅為臨時舉行儀典的場所。道長構築了藤原北家的全盛期，在攝關政治崩潰前只有他的子孫世世代代世襲着攝關之位，並從本流中分出了五攝家和清華家（共九條大支流）中的三家（花山院家、大炊御門家和醍醐家）。

院政與武士階級的誕生

藤原氏透過攝關政治掌權，天皇大權旁落。引起了地方豪族與武士的不滿。而在藤原賴通以後，送入宮中的藤原家女子未生下皇子，使與藤原氏無血緣關係的後三條天皇即位。

後三條天皇出生於長元七年 7 月 18 日（1034 年 9 月 3 日），卒於延久五年 5 月 7 日（1073 年 6 月 15 日），為日本第七十一代天皇，治曆四年 4 月 19 日（1068 年 5 月 22 日）至延久四年 12 月 8 日（1073 年 1 月 18 日）在位。

1068 年，後三條天皇即位，這是自宇多天皇以來 170 年間，

唯一和藤原氏沒有血統關係的天皇。

　　他自幼就和生母一起備受藤原氏的欺壓，成為太子後的二十多年裡，地位也並不穩固。他即位後的翌年，也就是 1069 年，發佈了莊園整理令，整頓藤原氏所屬的莊園，而莊園是藤原氏的經濟基礎。

　　從奈良時代開始的律令制度來看，日本那時一直實行的是公地公民制，就是朝廷把土地借給農耕者耕種，農民將收入的一部分作為租稅交給朝廷，這個制度叫「班田授受法」。

　　但是為了國家財政收入的需要，早在 743 年，聖武天皇把復耕的土地劃在公地之外。在八世紀中葉，政府發佈《墾田永世私有法》，鼓勵開發私有土地，同時規定，所有土地的數量以身份來決定，身份越高，可以開發、佔有的土地就越多。自八世紀末起，奈良、京都的貴族和寺社大規模開田墾荒，在墾地上修建起房舍和倉庫，形成莊園。尤其是藤原氏，所佔土地最多，並稱其為自家「庭園」，也就是莊園。最初，莊園要向政府輸租，受制於地方政府。九世紀末以後，大貴族莊園主逐漸獲得免交國家貢租（不輸）和擺脫國家行政控制（不入）的特權。他們再把這些免稅的土地以比朝廷低廉的租稅租給耕種者，使得朝廷的土地無人耕種，私有制莊園迅速發展，以藤原氏為首的朝官旺族和寺院在法律保護下，大批佔有免稅田地，土地私有化成為合法，使得田地的分配和再分配無從進行，加之人口增多，班田制漸漸名存實亡，至 902 年，班田制成為絕響。

十世紀後，寄進（把土地所有權掛在權勢者名下）風盛行起來。由於朝廷土地稅收高昂，同時勤勤懇懇開發了土地，由於身份低下也難以佔有很多，因此小農和小地主紛紛把土地獻給有勢力的貴族、官僚、大寺院，以求得保護。因為貴族、官僚、大寺院所有的大莊園主有免交國家貢租（不輸）和擺脫國家行政控制（不入）的特權，將土地掛在他們名下，並和他們說好，土地的實質經營者和所有者不變，每年向他們交納低於朝廷租稅──「年貢」的名義借用費，而貴族、官僚、大寺院可以不勞而獲，何樂而不為？因此寄進風使土地集中的趨勢一發不可收，在這種情況下，一個相當完整的莊園組織和行政模式出現了。莊園組織接掌了過去中央皇室在地方上的政府職能，莊園領主可以是官員，或是僧侶，他們通常具有使莊園免於外界干涉騷擾的法律頭銜，管理人員通過收稅的方法來調節紛爭，並給莊園民提供保護，真正的耕作管理者為「名主」，向莊園主負責，莊園的擴大使國家收入不斷萎縮，連天皇家也越來越窮。

後三條天皇即位後，首先採用了藏人（相當於天皇的秘書）大江匡房（1041-1111 年）的意見，設立了「記錄莊園券契所」，整頓莊園，大大削弱了藤原一族的經濟基礎。1072 年，後三條天皇退位，讓位予白河天皇，開設院廳，試圖以上皇之身重新掌控朝政，但他卻在一年以後病死，院政的確立從白河天皇才真正開始。

白河天皇為對抗攝關，在應德三年（1086 年）將皇位讓予兒

子堀河天皇，退位為太上天皇，居住在院（白河院）。他依靠中下層武士，招募軍隊，建立朝廷百官，頻頻頒佈院宣，成為政務的仲裁者。堀河天皇在嘉承二年（1107 年）去世，當時白河上皇已因為女兒郁芳門院死去而出家，但是仍握有大權，以太上法皇的身份讓孫子即位為鳥羽天皇，繼續推行院政，以後天皇多遵循此例。白河太上法皇在居住的宮廳中設置了各種官職，並組織軍事力量「北面武士」，北面武士是在院御所（居於北側）擔任警衛的武士，直接聽命於上皇，是支撐院政的重要軍事力量。平安末期，分為上北面和下北面，上北面官至四位，下北面官至五位、六位。北面武士的產生是武士階級出入朝廷的開始。除武士外，院廳的官員多為上皇的近臣，代表了皇權與攝關貴族的分立。

上皇以院宣的方式發佈命令，天皇發佈詔敕，要經過八省（官廳）和議，而院政系統獨立，不需要通過公卿會議決議，因此院宣比天皇的詔令有效率，這使朝政的一切都掌控在上皇手中。而過去攝關政治的權力來源仍是天皇，所以要以天皇的權威作為根基。院政的權威卻直接來於上皇。透過父親這一「尊親」的關係控制朝政。

維持統治權離不開武裝力量，因此武士集團的力量，也開始在院政的背景下正式登上歷史的舞台。

武士其實是與莊園制一起誕生的武力集團。朝廷皇家由於「怨靈恐懼」和佛教的禁忌殺生、神道的「死穢」（將接觸死亡看作一種不吉祥的「穢」），對與殺戮相關的武力盡量「敬而遠之」。

到了桓武天皇的時代，天下暫時比較太平，朝廷甚至取消了常備軍（約在 802 年），為了維持治安，在五十二代嵯峨天皇執政的弘仁年間（810-824 年），設立的警察機構「檢非違使」，負責平安京地區的治安維護、緝拿審判及解決包括平民、貴族的民事問題等等。

但是這種警察組織難以對應京城中發生的大規模集團犯罪，更無力對付橫行地方的草寇強盜及土地、水源等紛爭，因此以地方「名主」為首的富裕農民等，組成自警集團，即莊園中的私兵，也就是武士的雛形。

另一方面，由於藤原氏的外戚專制，母親是藤原氏以外的皇子、皇女在朝廷中遭受冷遇，不僅得不到官做，有時生計都很困難，因為當時皇室也很窮，有的皇女甚至淪為妓女。

在當時的朝廷中，皇室一族是名義上的主君，皇室以外的人都是家臣。在藤原氏的壓迫下，那些在平安京得不到重用的皇族，開始尋求去地方發展自己的勢力。由於他們原本身份較高，可以獲得和開發的土地沒有什麼限制，因此他們希望去地方做開拓者，得到土地和莊園。

他們的做法是不要皇族的身份，自願降為臣下，請朝廷封個一官半職，然後去地方發展。由於當時皇室很窮，有人要求不做皇族，正好可以減輕俸祿，求之不得。

桓武天皇的曾孫高望王就是其中的一位。他在寬平元年（889年）請求降為臣籍，被賜姓「平」姓，被任命為「上總介」，相

當於現在的副縣長。泰昌元年（898 年），他帶着三個兒子，長子國香、次子良兼、三子良將去現在的千葉縣赴任，歷史上赫赫有名的桓武平氏家族就從此誕生。

高望王任期到了也沒有返京，國香娶了常陸（現茨城縣的大部分地區）大掾（大致相當於現在的代理縣長）源護的女兒；良將娶了下總國（現千葉縣中部）相馬郡犬養春枝的女兒，在上總（現千葉縣君津市一帶）、下總、常陸開拓土地，成為大莊園主，並不斷擴大地盤。為了保衛自己的權利，高望王一族成立了武士團。他的子孫在日本關東一帶不斷發展，日本歷史上有名的武將平將門和平清盛都是他的子孫。

請降臣籍到地方成為武士首領的還有清和天皇的六世孫源經基，最初源經基赴地方任武藏（現在的東京都、埼玉縣、神奈川縣一帶）介，在平將門之亂時因為向朝廷告密平將門反叛而立下功勞，陞官為從五位下。之後又參加平定藤原純友之亂，官至鎮守府將軍，日本歷史的著名武將源義家、源賴朝、源義經、足利尊氏、新田義貞、武田信玄等都是他的子孫。

白河法皇推行院政，不斷任用中央和地方的武士。他任用源氏武士領袖源義家負責自己的弟弟輔仁親王的警備；任用平氏武士平正盛負責西國（日本西部各地區）海賊的追捕。

白河法皇逝世後，其孫鳥羽天皇倣法白河法皇，退位擔任上皇，他本人也倣仿藤原家，接受大量寄進莊園，而且給予這些莊園免交國家貢租（不輸）和擺脫國家行政控制（不入）的特權。

他繼續重用北面的武士平氏與源氏，和武士之間建立主從關係。而平氏和源氏利用自己的地位，和地方武士廣建主從關係，並使和他們建立了主從關係的武士不受國司（地方官）管轄。他任用平氏武士平忠盛（平正盛之孫）為西國追捕使，成為西國的受領（地方官中級別最高的行政長官），使其勢力不斷擴大；他任用源為義為檢非違使（統管京都警察權和民政權的官吏），而源為義利用自己的職權，他讓長子義朝去東國（現在的日本關東地區和東海地區）與地方武士建立廣泛的主從關係；讓末子為朝在鎮西（九州）和西國（現在的關西地區）武士建立廣泛的主從關係，建立以主從關係為基礎的廣闊而盤根錯節的武士網絡。

上皇利用武士和藤原家對抗，使武士登上朝廷政治的歷史舞台，也使朝廷內的權力鬥爭不斷激化。以致發生了我們前面提到的產生崇德上皇這一大怨靈的「保元之亂」。

王朝文化過渡到武士文化的轉折點

久壽二年（1155 年），鳥羽上皇的兒子近衛天皇去世，皇室

內部為皇位繼承問題發生了激烈的鬥爭。這時兩位上皇——即近衛的父親鳥羽法皇和近衛的兄長崇德上皇之間發生了矛盾，崇德上皇希望自己復位，或由自己的兒子重仁親王繼承。而鳥羽法皇主張以兒子雅仁親王即位。為了皇位繼承的問題，藤原氏內部也出現了對立，雅仁親王乳母的丈夫關白藤原忠憲和攝關家藤原忠通支持雅仁親王（鳥羽的四皇子），左大臣藤原賴長擁護崇德上皇。結果鳥羽法皇佔了上風，雅仁親王即位為第七十七代天皇後白河天皇。此舉引起崇德上皇的不滿。

後白河天皇即位，改元「保元」，鳥羽法皇似乎察覺到周圍形式不穩，他召集外郡方面的武士進駐禁內，選拔平家武士平清盛、源家武士源義朝等十人，要他們立誓擁戴新皇。鳥羽法皇於保元元年（1156 年）7 月 2 日薨。鳥羽法皇死後，崇德上皇開始行動，他聯絡藤原賴長等準備奪回皇位，他一面通知賴長起事，一面召集平家武士平忠正（平清盛的叔叔）、源家武士源為義（源義朝的父親）準備通過夜襲奪取皇位。

從 7 月 9 日夜到 10 日早晨，崇德上皇方面集結約有一千騎兵力，準備夜襲後白河天皇勢力，但是有人認為「夜襲與武士之道相悖」，因此上皇方面修改了戰術，準備正面接戰。

但是在 11 日拂曉時分，天皇方面以源義朝為主將先發制人，奇襲崇德上皇兵力集結之所。結果崇德上皇方面大敗，藤原賴長被流矢所傷，落荒而走，戰死於木津川的船中。崇德上皇落敗逃走，後被抓住流放，而源為義、平忠正等七十餘人處以斬

首，由此而嵯峨天皇弘仁元年（810 年）誅藤原仲成以來中斷了 347 年的死刑重新恢復。

這一事件在日本歷史上是一個非常重大的事件，標誌着武士社會的歷史轉折點；也是文化史上的一個重要節點，是王朝文化轉向武士文化的關鍵。

保元之亂後，後白河天皇在保元三年（1158 年）把皇位讓給守仁親王（二條天皇），成為上皇，實行院政統治。還沒等他上皇的椅子坐穩，他的近臣藤原通憲（信西）和藤原信賴之間又發生了爭執，由於藤原信賴不斷在上皇面前中傷通憲，通憲非常惱火。

平治元年（1159 年），信賴引誘武士源義朝襲擊藤原通憲，在「保元之亂」後，平清盛青雲直上，源義朝卻得不到上皇重用，從而心生怨恨。他在信賴的慫恿下，在平治元年（1159 年）12 月，趁着平清盛離京前往熊野的機會，源義朝舉兵叛亂，將後白河上皇和二條天皇囚禁起來，而藤原通憲逃到田原的山中自殺。平清盛在途中聞變，匆忙回京，在自己位於京都六波羅的官邸集結重兵，計劃奪回天皇和上皇。而被源義朝拘禁的後白河上皇和 16 歲的二條天皇都化裝後逃亡，來到平清盛六波羅邸，使源義朝失去了聚攏人心的大旗，平清盛倒贏得了大義名份。清盛趁此時機，親率三千兵力攻打皇宮，信賴被捕遭斬首；向東國逃竄的源義朝在尾張（現愛知縣西北部）被捕後遭斬首，義朝的 13 歲兒子賴朝被流放伊豆。這一事件史稱「平治之亂」。

《保元、平治之亂屏風圖》中夜襲白河殿的場面，江戶時代繪製。

平清盛在平治之亂後青雲直上，1167年，成為武家首位太政大臣，其家屬也都身居高位。他還模仿藤源氏，將女兒德子作為高倉天皇（後白河上皇與其寵妃所生之子）皇后送進宮中，成為外戚，作為日本首位掌握政權的武士。他不僅控制了西日本半壁江山，而且積極開展對宋貿易，積聚起大量財富，並獲得了外戚的顯要地位，使平氏政權盛極一時，開了武家政權的先河。

平氏一族的跋扈，引起了後白河上皇和攝關家的反抗。治承元年（1177年）六月，後白河法皇前往靜賢的鹿谷山莊行幸之際，攝關家藤原成親、藤原師光（西光）、真言宗僧人、法皇近臣俊寬等聚集密謀打倒平氏的計劃。同謀者多田行綱向平清盛告密，參加密謀的人全部被捕，藤原師光死罪，藤原成親被流放備中國（現岡山縣），其子藤原成經流放鬼界之島。不久，藤原成親在流放地墜下懸崖離奇死亡，相傳係被平清盛謀殺。法皇當時也在密謀現場，但是由於平清盛長子重盛求情，免於處分。

不久平重盛病亡，後白河法皇將其知行國（又稱分國，朝廷在一定時期內將一國的行政權交給特定的皇族、貴族等，使他們從該國獲取租稅等利益）沒收，轉封攝關家藤源基房，致使平清盛激怒，從福原（現兵庫縣神戶市）率大軍兵臨城下，並將後白河法皇幽禁在鳥羽離宮。

後白河法皇的兒子以仁王為此發出征討平氏的指令。被流放到伊豆的源義朝的兒子源賴朝此時已長大成人，在二十年流放生活期間，與伊豆土豪北條時政之女結婚，受到保護。1180年奉皇

平清盛像，出自藤原為信作《天子攝關御影》。

子以仁王之命，源義朝舉兵討伐平氏，幾經轉戰，治承四年十月在富士川之戰中獲勝，後得到千葉常胤等援助，相繼佔領房總、武藏、相模等地，進入鎌倉，稱「鎌倉殿」。1183年建立東國政權，1185年派其弟源義經發動壇之浦之戰。

1185年3月25日在關門海峽進行的壇浦之戰，是日本由平安時代轉向鎌倉時代的轉折點，也是日本從王朝政治轉向武家政治的轉折點，從這次戰役以後一直到明治維新之前，日本社會的統治階級一直是武士。

壇浦之戰，是新興武士階層的代表源賴朝的勢力戰勝平安朝權臣平氏一族的決戰。

1185年3月24日清晨，壇浦之戰在關門海峽的壇之浦開戰，源氏有戰船840艘；平氏有戰船1000艘。由平氏主動展開攻擊。由於平氏擅於海戰，懂得利用潮流的速度出擊，乘激流而上，萬箭齊發，機動靈活，使逆流進軍的源氏艦艇如陷泥沼，成為平氏箭陣的活靶子。此時源氏將領源義經為挽回敗局，下令集中狙殺平氏的水手及舵手。而對於屬於非戰鬥人員的舵手及水手的攻擊，違背了當時不成文的戰爭規則，但源義經冒天下之大不韙出此奇策，使失去機動能力的平氏艦隊反而比源氏更加動彈不得。正午過後，潮流改變，源氏順勢接近登船，展開白刃血戰，戰情也隨之逆轉。激戰過後，眼見大勢已去，平資盛、平有盛、平經盛、平教盛、平行盛等大將陸續投海身亡，平氏領袖平宗盛及子平清宗、妹平德子雖然企圖跳海自盡，但為源氏士兵所救，

而年僅八歲的平氏血脈安德天皇（平德子所生）則由外祖母二位尼挾抱跳海身亡。

戰爭的結果是平氏滅亡，此後持續了約一百四十多年的鎌倉幕府建立。

武士社會是主從關係的社會

鎌倉幕府建立以後，建立了由主從關係組織起來的武士社會。武士不是屬於國家管轄的職業軍人，他們並不對國家和天皇效忠，而只為自己的主君獻忠誠。

他們開始屬於恆武平氏、清和源氏和地方名主莊園裡的武裝集團，這些武士集團由莊園主的子弟、親屬、親戚（統稱家子）、郎黨構成。在武士集團中，與主君有血緣關係者稱「家子」，與主君無血緣關係者稱「郎黨」。郎黨又分棟樑郎黨和下層郎黨，前者為武士集團的骨幹力量，後者為武士集團的基礎力量。統率武士集團的武士領袖叫「武家之棟樑」。到了鎌倉幕府成立以後，武士的棟樑被稱為「御家人」，意指鎌倉時代「與將軍直接保持

主從關係的武士」。以後雖沿用此詞，詞義多有改變。「家人」最初是貴族及武士首領對部下武士的稱謂，而當鐮倉幕府成立後，將軍被敬稱為「御」，故有「御家人」一詞。

御家人本以賴朝起兵召集的東國武士為主，幕府統治全國後，西國也出現了御家人。鐮倉幕府時期，將軍與御家人在主從關係的基礎上，有着「御恩」與「奉公」的關係，即將軍任命御家人為「守護」或者「地頭」，或者給予本領安堵的保證，使其父祖傳下的領地成為合法，或授予新的領地（「新恩給與」），或代其向朝廷申請官位，如此種種均可稱為「御恩」。御家人則在平時擔任京都、鐮倉的警備工作（「京都大番役」、「鐮倉大番役」），為將軍修築御所，戰時自備武器出戰，接受種種經濟負擔與義務，稱為「奉公」。

武士家族的財產如果有多個子女繼承，則繼承主要領地和財產的男子被稱為「惣領」。

從屬於御家人和惣領的武士，和自己主人的關係，同樣是「御恩」與「奉公」的關係。他們從自己的主君那裡領取俸祿，有根據祖先的功績給予的「家祿」、有根據自己所遂行的職務的「職祿」和「扶持米」等。根據武士級別的不同，俸祿以土地、大米、現金等多種形式支給。他們雖有「家子」和「郎黨」之分，但是這種分別不是固定、永遠的，武士家族有時會用一種「擬家族」的形態對「郎黨」和「家子」一視同仁，沒有祖先可拜的「郎黨」，將和「家子」一起拜祭「擬似祖先」，他們世世代代和

自己的主人是主從關係，在有戰事時，需為主人赴死盡忠。為主人盡忠而死，是武士最大的美德，而這被日本人代代歌頌的美德中，也包含着經濟因素。因為如果為主人盡忠而死，不僅他的子女可以繼承「家祿」和「職祿」，而且他的子孫可以永久性享受「家祿」，這是武士「終身就業」乃至「世代就業」的一條沒有盡頭的生存之路。

為「忠」而「死」是武士道德的核心

　　在日本兵庫縣的赤穗市內，有一座赤穗城，赤穗城以作為故事「忠臣藏」的舞台而聞名，為國家指定史蹟、名勝，在江戶時代是赤穗藩的藩廳所在地，2006 年被選為日本一百名城之一。

　　元祿十四年（1701 年）3 月 11 日，東山天皇派了兩位敕使和院使諸卿由京都來到江戶，幕府第五代將軍德川綱吉，為了歡迎和招待天皇派來的敕使諸卿，特地命令赤穗地方的城主淺野長矩為「御馳走役」（接待人員）。可是，淺野不熟悉儀式與典禮，幕府便命令深懂朝廷禮儀的首席「高家」（江戶時代掌管禮儀的

官吏）吉良上野介來輔助他，以免有失禮節。吉良一向看不起淺野，不但不好好教他禮儀，反而故意讓他出醜。敕使們到來的時候，淺野由於不懂禮法，鬧出笑話，羞怒交加，在回廊式的松之走廊遇到吉良走過來的時候，一刀砍向吉良，頓時血流滿地。吉良沒有傷到要害，只是前額受了刀傷，但仍是滿面血跡斑斑。將軍綱吉聽到淺野在大殿裡行兇，氣急敗壞，怒不可遏，認為淺野罪大惡極，膽大包天。立刻命令即日切腹，沒收家祿。

赤穗藩武士因主人被迫剖腹怒不可遏，認定吉良是逼死主人的元兇。大石良雄是赤穗武士家宰，他糾集 47 家臣人（包括他自己在內），在月明星稀的拂曉衝進吉良宅邸，砍翻十幾人，殺死吉良，用長槍挑着頭顱到淺野墓前祭奠，然後自首待罪，47 家臣全部剖腹自殺。

在中國人看來，淺野的 47 家臣因主人和吉良小有齟齬而被將軍綱吉所迫自殺，要說主要兇手應該是綱吉，但是 47 家臣卻殺死了吉良與他的家人，義在何方？難以理解。

但日本人不同，日本武士道最為強調的精神有兩個，其一為忠，其二為知恥。而「忠」和「知恥」都具有絕對性，至於主君是否有錯誤，不在侍從的探討範圍之內。

在中國，「士」的最高道德是「仁」，如果主君不仁，「士」是可以拋棄主君的，「殺身成仁」，而不是「殺身成忠」，中國歷代的「易姓革命」，都是以「君之不仁」為大義名分的。《孟子》云：「君仁莫不仁，君義莫不義，君正莫不正，一正君而國

《忠臣藏夜襲圖》第十一段，歌川國芳作。

定矣。」臣事君，以民為根，以仁為本，以道為義，君以道為其政，臣則事君；君離經叛道，君臣離合，「道不同，不相為謀。」（《論語·衛靈公》）同時，在中國，君臣沒有人身依附關係，「君視臣如手足，則臣視君如腹心；君視臣如犬馬，則臣視君如國人；君視臣如土芥，則臣視君如仇寇。」

而日本的武士道，把「忠」作為最高境界，中國儒家所推崇的「仁」，在日本並未受到足夠重視。盡忠知恥是最高表現形式，為忠和恥而死，最為圓滿。

而 47 浪士是日本武士精神的象徵，一直以戲劇、小說、繪畫、電影、電視劇等形式被日本人歌頌了幾百年，表現 47 浪士事件的戲劇開始時叫《忠臣藏》，原名《假名手本忠臣藏》，是淨琉璃（日本傳統藝能，以說話為主，三味線伴奏的戲劇）劇本。1748 年在竹木座（大阪的淨琉璃劇場）首演，後來移植為歌舞伎劇目，這是日本歌舞伎中最優秀的劇目之一，在那以後的幾百年裡久演不衰。1962 年改編成電影，也叫《忠臣藏》（導演：稻垣浩），1995 年又重拍《忠臣藏》，2012 年電視東京的新春獻禮節目，就是大型電視連續劇《忠臣藏——其義其愛》。

從明治時代的 1903 年起，為宣揚 47 浪士的「忠義」，赤穗市於每年公曆 12 月 14 日舉辦盛大的祭祀活動（47 浪士攻入吉良邸的日子），到了那時，安葬浪士們的花岳寺內外都會舉行各種各樣的紀念活動。

2010 年 12 月 11 日，當時的日本觀光廳長官溝畑宏頭頂武

（上）日本觀光廳長官溝畑宏（左一）扮演「播州赤穗浪士　大石內藏助良雄」。
（劉幸宇攝影）

（下）「赤穗義士節」上，日本影藝界著名的東映劍會武打隊再現當年格鬥場面。
（劉幸宇攝影）

士帽盔，腳登草履，腰掛長刀，手提小鼓，在他的武士外衣上寫上「播州赤穗浪士　大石內藏助良雄」（一般稱大石良雄），親自扮演浪士土宰人石內藏助良雄披掛上陣，為「47義士祭」助陣。他還組織中國、韓國、美國、澳大利亞等國的留學生和外語教師扮演其他義士，全身披掛，在赤穗城下列隊遊行，振臂高呼「阿扣」（日語「赤穗」的發音），並表演了抓獲舊主仇敵吉良上野介的短劇。

由此可見日本人對武士精神的眷戀，而這種精神的核心是「死」與「忠」，而「死」與「忠」來源於武士社會源遠流長的經濟傳統，那就是主人是他們「終身就業」乃至「世代就業」的唯一寄託，吉良逼死他們主人，不僅使他們「終身失業」，而且使他們「世代失業」，當然是他們的死敵。

這種經濟結構反射出的武士精神的核心，當然不會是「仁」，而必然是「忠」。他們不會像平安貴族那樣因為「怨靈恐懼」而停止殺戮，他們為了「忠」，絕不辭殺戮，甚至也不辭殺掉自己的親人。

新渡戶稻造在他的著名著作《武士道》中講了如下的故事來讚揚武士道。故事講的是平安朝右大臣菅原道真的舊臣源藏，隱藏了菅原道真的幼子，但道真的敵人策劃要滅絕道真全族，嚴密搜查他那未成年幼子的所在。源藏後來發現有一個小孩，無論年齡、相貌與氣質都和幼君彷彿，於是暗自決定以此子代替幼君。

新渡戶稻造在《武士道》一書中寫道：

這是關於我國歷史上頂尖級人物之一菅原道真的故事（出於江戶時代歌舞伎和木偶劇的曲目之一《菅原傳授手習鑒》）。他成了嫉妒和中傷的犧牲品，被放逐出京城。但他冷酷的敵人並不滿足於此，而是要滅絕他的全族。他們嚴密搜查他未成年的幼子所在，打探到他的舊臣源藏把他的幼子藏匿在一個寺院的私塾中。他們命令源藏，限期交出幼小的罪人的首級。而源藏首先考慮到的是：要找到一個合適的替身。他望着寺院私塾學生的名冊，仔細打量着每個在這裡學習的少年，但在這些出生於農村的孩子中，沒有一個像他藏匿的孩子。不過他的絕望只是暫時的，人們告訴他，有一個新的兒童要來這裡讀書。看呵，一位高雅的母親帶來了這個孩子，這是一個和主君公子年齡相似的美少年。

　　母親和這個少年自己都知道，少年和幼主非常相像。在自家的密室裡，兩個人決定獻身於祭壇，孩子獻出他的生命；母親獻出她的心，但是在表面上他們未露出一點兒聲色，源藏也完全不知道。但是看到這個孩子，源藏馬上在心裡作出了決定：就用這個孩子做犧牲的山羊！

　　關於後面的故事，我們長話短說。在規定源藏交出首級那一天，負責驗收少年首級的官員到了，掉包的首級能瞞過他的眼睛嗎？可憐的源藏手按刀柄提心吊膽，如果謀略敗露，他就要給驗收首級的官員或他自己一刀！而驗收官拿起放在眼前的這個可怕的首級，仔仔細細地觀看一會兒，然後用公事公辦的

口吻説道：「沒錯！」

這天晚上，家裡只剩下母親一人，母親正在等待着，她早已知道兒子的命運了吧？但是她仍然目不轉睛地等待着家門的打開，雖然她並不是等待孩子的歸來。她的公公曾長期承蒙菅原道真的恩顧，而道真被流放以後，她的丈夫卻不得不去侍奉全家恩人的敵人，他本人作為臣下，不能不忠於自己殘酷的主人，但他的兒子卻可以為祖父的主君效勞，而正是他，被委以驗收幼主首級的任務。這一天，就是這一天，他完成了他一生中最令人心酸的任務，當他回家跨入門檻的一刹那，他高聲對妻子説：「我的妻！讓我們自豪、高興吧！我們可愛的兒子為主君效勞了！」

「多麼殘酷的故事！」看到這裡，讀者可能會叫起來：「父母為了救別人的孩子，竟然將無辜的骨肉作為犧牲品！」但是，這是得到孩子同意的，這是孩子主動的犧牲。[2]

這個故事在歷史上是否真的存在過是非常可疑的，但是新渡戶稻造用此來説明武士道的核心卻非常恰當。

蔣介石對日本武士道的真知灼見

　　蔣介石和日本的淵源很深，曾兩次東渡日本留學。蔣介石的父親蔣肇聰繼承祖業經營鹽舖，1895 年病歿。蔣介石由母親王采玉撫養成人，幼年入塾，誦讀經史。1903 年入奉化鳳麓學堂，兩年後至寧波箭金學堂就讀。1906 年初肄業於龍津中學堂，4 月，18 歲的蔣介石東渡日本，入東京清華學校，年末回國，1907 年考入保定全國陸軍速成學堂，習炮兵。

　　1907 年，滿清陸軍部決定在保定陸軍速成學堂選拔陸軍學生，但是僅限於該校日文班的學生。當時蔣介石沒在日文班，但他在第一次留學時目睹了日本明治維新後的強盛，非常希望再赴日本留學。他想盡辦法，最後給北洋陸軍速成學堂總辦趙理泰寫了一封信，陳述自己有赴日留學和學習日語的經驗，希望能作為特例允許自己參加考試。

　　在臨考的前一天深夜，趙理泰派人將參加考試許可通知書送到蔣介石的宿舍，已經絕望了的蔣介石接到通知書後喜出望外，第二天去參加了考試，結果是榜上有名。

　　1908 年 3 月，蔣介石第二次來日本留學，入日本軍校振武學校學習，張群、閻錫山、孫傳芳都是振武學校畢業生。蔣介石來日不久後在陳其美的介紹下參加了中國同盟會。振武學校地址在

東京都新宿區河田町，現在是東京女子醫大。

振武學校是清廷設立的，是專門培養清廷派遣的軍事留學生的「陸軍預科」，由日本方面提供位於東京的原士官學校臨時校舍，畢業後分配到日本國內的各個部隊，蔣介石屬於第 11 期生。

蔣介石 1910 年畢業後，在當年 12 月 5 日，作為士官候補生入伍。其所在部隊在日本新潟高田市，部隊名稱為陸軍第十三師團野炮兵第十九連隊，在這裡，蔣介石度過了一年的士兵生活，也深深感受到了日本軍隊軍事教育的成功。日本軍隊嚴明的紀律，嚴格的訓練，節儉的作風，完備的系統，強韌的精神使他感銘甚深。

他曾說過：

　　當我早年留學日本的時候，不論在火車上、電車上，或在輪渡上，凡是在旅行的時候，總看到許多日本人都在閱讀王陽明《傳習錄》，且有很多人讀了之後，就閉目靜坐，似乎是在聚精會神，思索這個哲學的精義；特別是他的陸海軍官，對於陽明哲學，更是手不釋卷的在那裡拳拳服膺。後來到書坊去買書，發現關於王陽明哲學一類的書籍很多，有些還是我們國內所見不到的，我於是將陽明哲學有關的各種書籍，盡我所有的財力都買了來，不斷的閱讀研究，到了後來對於這個哲學真是有手之舞之足之蹈之一種心領神馳的仰慕，乃知日本以蕞爾小國，竟能強大至此實得力於陽明「致良知」、「即知即行」哲學的結果。日本的立國精神究竟是什麼？他是怎麼強大起來的。

陸軍第十三師團野炮兵第十九連隊時代的蔣介石。

這是大家應該研究的問題。日本立國精神就是所謂武士道。

照武士道的內容看來，他不過是我國儒家學術的一部分，當然不如總理的三民主義精深博大；但是日本人就視此為其國家民族的靈魂所在，稱之為「大和魂」，篤信不疑，而且能夠照着這個道理，時時模仿，處處實踐，力行不懈，遂使其國勢由弱而強，蒸蒸日上。甲午之役，一戰而勝滿清；十年之後，再戰而勝帝俄；後來來參加世界大戰，又戰勝德國。[3]

但蔣介石也對日本軍隊中官兵關係中以上凌下，上官毆打士兵等作風持批判態度，認為上官對士兵任意驅使的做法相當粗野。新兵為老兵洗衣服、擦皮鞋、補衣服，上官對士兵的辱罵、毆打是家常便飯，他認為這是日本軍隊的弱點，並認為中國軍隊應該把日本軍隊這種野蠻作風當作反面教員。在他看來，下級軍官把士兵當作牛馬一樣使役的軍隊無法贏得戰爭的勝利，官兵應該互相關心互相愛護，必須嚴禁上官打罵士兵。由此他也認識到了中國「士道」和日本「武士道」的分別，對武士道的弱點進行了頗有見地的批判：

日本怎麼會成功為一個侵略民族？因為日本沒有中國固有的國民性，他僅在智仁勇的勇字方面努力，而中國儒教精神道德，所謂信義和平的要素，完全不講：所以他只知道勇，而且只知道血氣之勇，而不知道義理之勇，所以他雖學得了陽明動的哲學一片段，而其結果，充他的量，還是亂動盲動，陷入了

一個動的大毛病，所以他就成了一個侵略的民族了。[4]

……

日本人在片面性地強調「勇」的時候，忽略了「仁」與「智」，因而走入歧途。「仁」性是我們軍人精神的基本，亦是我們中國一切固有道德的一個中心……如果沒有「仁」，一切的精神和道德，就不能整個的連貫起來，完成高尚純潔圓滿無缺的人格與至大至剛的氣節；因為道本惟一，德必求全，一有偏缺，必至走入歧途，得此失彼，他們日本人不知這個道理，亦未認識我們中國全部的固有道德，所以他們的武士道將中國固有道德最中心最基本的一點即「智仁勇」的「仁」字完全丟掉了。[5]

由此可見，蔣介石認為：日本的武士道，來源於中國的「士道」，但卻「得此失彼」，不同於中國的「士道」。儒家學說中「士」同「仕」，儒家以教育和培養「士」（「君子」）為己任。孟子說：「士之仕也，猶農夫之耕也」（《孟子・滕文公下》），意思是說，士出來任職做官，為社會服務，就好像農夫耕作一樣，是他的天職。荀子在講到社會分工時，也把「士」歸於「以仁厚知能盡官職」（《荀子・榮辱》）的一類人。荀子還說：「君子居必擇鄉，游必就士」，就是說君子在居住的時候，要選擇民風淳厚的地方，在交遊時，要選擇仁厚有能力的人，中國的「士道」，以「仁」為本，其次才是「勇」與「忠」。

而王陽明晚年用四句話對自己的「陽明學」做了精闢的概括，就是「無善無惡心之體，有善有惡意之動，知善知惡是良知，為善去惡是格物」。意思是説人心本來無善無惡，隨着年齡的增長，產生了善惡之心，能夠分辨善惡，是非分明，就是良知。知善知惡，為善去惡，就是知行合一，透悟事物的道理。由此可見，為善去惡的「仁」的精神，是陽明學「格物致知」的核心，而日本武士階級，雖然也類似中國的「士」，屬於日本社會的高級階層，在封建社會的「士工農商」四個等級中排在首位，其中也有人崇拜中國的陽明學，但是他們的精神核心裡缺少中國「士」的道德與精神核心——「仁」，不問善惡的「勇」與「忠」，是日本曾成為侵略國家的一個歷史要素。

武士社會與日本人生死觀的變化

　　武士登上歷史舞台以後，文化的主潮已從朦朧月下幽深的宮影中轉移到遼闊的沃野，櫻花微顫夢般的呢喃已為強悍肌肉間的刀光劍影所代替。這是以劇烈的行動為中心的「畫」的世界，這

是日本民族「刀」的性格的鑄成期。

武士時代，是一個戰亂的時代，皇室與武家的鬥法、武士的互相吞併、武士集團內部的傾軋，釀成了承久之亂、霜月騷動、元弘之變、湊川之戰、應永之亂、應仁之亂等無數大大小小的戰爭。有時一場戰爭甚至持續十年，繁盛古都，一片焦土，柔弱而和平的王朝牧歌，已在源為義、平忠正等被處斬的一片血光中被金戈鐵馬的轟鳴淹沒在歷史洶湧的波濤中。

這種時代的變化必然帶來宗教與文化心理的變遷，也使日本人的生死觀發生了巨大的變化。

無論什麼宗教，一個最重要的主題，就是探討死的問題。因為死是一個人類永遠無法解答的謎，沒有一個人走進過死的世界（走進死的世界的是物化的屍體），沒有一個人帶回過死的世界的信息，極盡人間所有的科學與智慧，死也不會展現它在彼岸世界的半點蹤影，一切是永遠的猜測，一切是永遠的幻想，明天的幻想否定今天的幻想，今天的洞見為明天的迷霧遮掩。人類面對這個答案永遠後退的疑問在永遠追索，因為人類是永遠不甘心個體消亡的特殊的動物，因此人類永遠需要宗教，而宗教也會在人類苦苦追索這個答案的歷程中根據人的精神需求不斷變化。

武士階級登上歷史舞台後，由於他們的職業就是戰鬥，免不了殺戮與被殺戮，因此被一貫持有「死穢」和「怨靈恐懼」觀念的過去王朝的人們所詬病、厭惡。他們被一些貴族、領主稱為「猛惡人」。文治三年（1187 年），後鳥羽上皇院給鎌倉將軍源賴

朝的信中在控訴地頭（鎌倉初期設置的管理莊園的官吏，一般由武士擔任）惡行時寫道：「如此積人之愁神之祟，此世難以為繼。」《金澤文庫本唸佛往生傳》中寫攝津國（現大阪府西北、西南及兵庫縣東部）的武士小野親光在祖父的墳周圍狩獵，「是天生的惡人，以殺生為業，不知後世。」

而隨着武士階級政權的不斷穩固，必然需要有一種與他們的職業相呼應的宗教，需要一種符合歷史內在要求的宗教。歷史的目的需要一種文化的載體去表現和實現，正像黑格爾的歷史哲學中的絕對理念，而所謂歷史意義，被理解為絕對理念在時間中通過歷史人物及歷史事件得以實現的意義，它的目的性作為人所獨具的實踐特徵之一表現出來，具有「理性的狡獪」的目的性，不直接與對象發生關係，而是借助於工具和手段來實現。武士階級內在於歷史的目的與需求，也正是一種「絕對理念」，它一定會催生一種新的宗教，但是狡獪的絕對理念，往往讓人們醉心於表現它、實踐它的工具，而將這種目的性隱藏在歷史和集體無意識的深層，讓人們忘記它的存在。正像王朝時代「怨靈恐懼」的文化功能，是民族和解的信號，是人間的分裂在想像中的靈的世界中的彌合。和「紐帶文化」的宗教性修復一樣，人們往往難以識破這種功能所內包的目的性的存在，而是誠惶誠恐地拜倒在「怨靈」面前，並殫精竭慮地證明它巨大的能量與復仇的執着，然而往往正是由於對某種文化現象在文化人類學上的功能所內包的目的性的「忘卻」，才使這種功能在絕對理念的迷狂實踐者那裡得

到了最充分的實現和昇華。

可以說，鎌倉時代的新宗教變遷，其內在的驅動力來源於這種文化人類學意義上的功能所內包的目的性。

鎌倉幕府（1192-1333 年）建立以後，新時代的到來也使宗教界顯得十分活躍，法然（1133-1212 年）、榮西（1141-1215年）、道元（1200-1253 年）、日蓮（1222-1282 年）等掀起新佛教運動，佛教在日本漸趨大眾化。由中國傳入的禪宗和依據善導的唸佛法門而形成的淨土宗等以及由天台法華教義而分衍的日蓮各宗，勃然興起，而天台山與日本的文化交流也由天台宗文化轉向禪宗文化。

鎌倉時代初期日本淨土宗開山祖師法然上人（1133-1212 年）所傳淨土宗，與日本王朝時代的宗教有着顯著的不同。他一反王朝奈良佛教六宗（華嚴宗、律宗、三論宗、法相宗、成實宗與俱舍宗）和平安朝天台、真言二宗的複雜、深奧、神秘，強調只要能專誠稱唸阿彌陀佛的名號便能消災轉福，往生西方極樂世界。他認為：一切眾生，皆有佛性，如果往生的條件是「佈施、起塔、稽古鑽仰、多問廣學、棄家捨慾、貴家尊宿」的話，那麼一切「貧窮之人、困乏之倫、淺識粗瞞、在家兩輩、萬民百黎」都會失去往生的機會，因此只要「一心唯信佛語，不顧身命，決定依行」，一切「貧窮困乏、愚鈍下智、少聞少見、破戒無戒」之人，皆得往生。對於以「弓矢為家業」，難以避免戰鬥與殺戮的武士，他宣講「佛之本願專度罪人，雖為罪人，如稱唸阿彌陀

佛的名號，便得往生」。因此法然的淨土宗非常受武士階層的歡迎，也受到既成佛教的猛烈攻擊，法然本人因宣揚新佛教被王朝勢力流放過兩次。

而法然的弟子，日本鎌倉時代佛教淨土真宗創始人親鸞（1173-1262 年），曾提出著名的「惡人正機」之說，他說過這樣一句話：「連善人都能成佛，更何況惡人。」在這裡，他強調惡人正是阿彌陀佛拯救的對象，也可能往生淨土成佛。宣揚即使五逆十惡之人，在臨命終時只要對彌陀淨土有足夠的信心願望也能往生，更進而說「不必害怕惡行，沒有能妨礙彌陀本願，阻礙眾生往生之惡行」，直至宣揚「縱殺千人，也可往生」，他也和他的師父一樣，認為無論是武士、農民、商人，不論身份如何，只要民眾能相信阿彌陀佛的持名本願，不論是誰都能往生極樂世界。

禪宗與武士

對武士影響最深的佛教流派，莫過於禪宗。

禪宗是漢傳佛教的一個主要宗派。相傳為印度僧人菩提達摩

創立，菩提達摩於中國南朝梁武帝大通元年（520 年），乘商船到達廣州。達摩曾與梁武帝在金陵（今江蘇南京）談法不契，菩提「一葦渡江」，在少林寺的山洞中面壁九年，等待傳人。後傳佛心印二祖慧可（487–593 年）、三祖僧璨（？–606 年），僧璨弟子道信（580–615 年）為四祖，道信弟子弘忍（602–675 年）立東山法門，為禪宗五祖。門下分赴兩京弘法，名重一時。其中有神秀、惠能二人分立為北宗漸門與南宗頓門。唐高宗鳳儀二年（677 年），六祖惠能到曹溪寶林寺（今廣東韶關南華寺），弘揚禪宗，影響漸大。唐玄宗開元二年（730 年），在洛陽的明定南北總是非大會上，惠能弟子神會辯倒其餘宗派，使得禪宗樹立了全國性的影響，惠能成為禪宗六祖（638–713 年）。可以説，六祖惠能是禪宗的真正創立者，他主張教外別傳、不立文字，提倡心性本淨、佛性本有、直指人心、見性成佛。這是世界佛教史尤其是中國佛教史上的一次重大改革。惠能以後，禪宗廣為流傳，於唐末五代初期達於極盛。禪宗使中國佛教發展到了頂峰，對中國古文化的發展具有重大影響。

六祖惠能門下悟道者共 43 人，各化一方，所謂「一花開五葉，結果自然成」，共分臨濟宗、曹洞宗、雲門宗、法眼宗、為仰宗五宗，成為唐朝以後的佛教主流。

五代末佛教雖早遭後周世宗滅佛，但公元 960 年，宋太祖趙匡胤建立了宋朝，他一反前代後周的政策，同時保護道教與佛教，佛教走向興隆，在天台宗得以復興的同時，禪宗漸漸在佛教

中佔據了中心地位。

中國禪宗早由道睿、最澄、義空等傳入日本，然未在日本扎下根，而將南禪宗與宋朝禪宗正式傳入日本的，應是日本院政時期的天台宗僧人覺阿[6]。覺阿之後，日本陸續有許多僧侶赴宋學禪，如榮西[7]、道元[8]等。

自榮西、道元來天台山求法之後，其弟子法裔出現了尋訪祖根的「朝拜熱」。

但是禪宗在日本初傳時並不順利，迎來了既成佛教的頑強抵抗，榮西在京都傳禪，受到了天台宗大本山延曆寺勢力的打擊，延曆寺僧侶抬着該寺的神輿聲勢浩大地去京都的朝廷告狀，使京都朝廷下令禁止榮西傳禪。道元在京都得不到傳道的道場，只好率弟子前往越前（今福井縣）開創永平寺，1247 年，應北條時賴將軍之請，赴鎌倉說法並為北條授菩薩戒。

禪宗在鎌倉受到了武士政權的歡迎，日本人常說：「天台屬皇家，真言屬宮卿，禪屬武家，淨土屬平民。」

宋禪師蘭溪道隆 1246 年（南宋淳祐六年，日本寬元四年）攜弟子義翁紹仁、龍江德宣等數人乘日本商船到達日本，在日本傳播禪學，受到鎌倉幕府執權（最高行政長官）北條時賴的歡迎，執弟子禮，為其建建長寺請任住持。

禪宗為什麼受到日本武士的歡迎？首先是禪宗的「我心即佛，不假外求」的「自力本願」的獨立精神，符合靠武力開創自己天下的武士的自立精神。禪宗在其發展的過程中，改變了佛教

無窮無盡的本體討論和用比喻說明佛理的思維方式，代之以頓悟式的直覺表現，將遙遠的淨土，苦苦思辨，融進了俯拾即是的日常之中；「鬱鬱黃花，無非般若；青青翠竹，皆是法身」，「唸唸圓明，自見本性」，「何期自性，本自清淨；何期自性，本不生滅；何期自性，本自具足；何期自性，本無動搖；何期自性，能生萬法。」禪宗從不假外求的觀點出發，告訴人們簡單而玄妙的真理——「我心即佛」。

建長寺第二代住持宋僧兀庵到鐮倉後，看見佛殿裡有地藏菩薩像，立刻叫道：此菩薩之位在貧僧之下，何以拜之？應是此菩薩拜貧僧也。一語既出，滿寺皆驚，兀庵的獨立特性，曠達自信的灑脫風采，給了鐮倉武士們很大的衝擊，使他們發現了與他們的職業與心理完全契合的新宗教，並陶醉於禪宗剛健、玄遠的風格中。北條時賴傾倒於兀庵，拜其為師與其參禪，過着禪僧般的生活。經過二十多年的努力，終於在兀庵的教導下開悟，在他開悟之際，兀庵為這個著名的弟子寫下如下詩偈：

> 我無佛法一時說，
> 子亦無心無所得。
> 無說無得無心中，
> 釋迦親見燃燈佛。[9]

北條時宗（1251-1284 年）是時賴的獨生子，1268 年繼承父位時只有十八歲。當時兀庵已歸宋，時宗向宋請高僧來日傳法。

宋高僧無學祖元（1226-1286 年）於宋祥興二年（1279 年，日本弘安二年）遂隨日僧榮西、道元從寧波出發，東渡扶桑，住建長寺，出任鐮倉建長寺第五世住持。弘安五年（1282 年），時宗建圓覺寺，無學祖元為開山初祖，人稱「佛光法師」。北條時宗在無學祖元指導下熱心參禪。

在時宗任執權期間，蒙古大軍襲來，發生了文永、弘安兩大戰役。時宗坐鎮鐮倉，從容鎮定，擊退了蒙古大軍的兩次來襲，在這個過程中，禪宗的精神成了他的精神支柱。

在他任執權後，蒙古帝國對日本施壓，要求建交、納貢，遭時宗拒絕，時宗同時下令地方積極備戰防禦。至元十一年（1274年）6 月，元世祖忽必烈委託高麗造大小艦 900 艘。命蒙漢將帥，統帥蒙古軍、漢軍 2 萬人、高麗軍 5600 人，加上高麗水手 6700 人，共 32300 人，遠征日本。當元軍進攻對馬、壹岐兩島，深入博多灣時，時宗動員地方武士在北九州沿海岸修築石牆（殘蹟至今尚存），聚集少貳資景、大友賴泰、菊池武房、島津久經、竹崎季長等的九州諸國部隊總數約十萬大軍，堅決抵抗，阻止了元軍的佔領。1281 年，元軍再度發動征日，一路蒙漢將帥率領 4 萬作戰部隊，戰船九百艘，從朝鮮出發；一路由漢將率領十萬江南屯田部隊，戰船三千五百艘，從慶元（今浙江寧波市）出發。總計蒙古人 4.5 萬，高麗人 5 萬，漢人約十萬。這次日本幕府方面有充分的準備，改進了他們的弓箭，其性能已與蒙古強弓不相上下。北條時宗下令在日本沿岸所有重要地區都建起了石牆（石

堤）——「元寇防壘」，起到了重大防衛作用，元軍的戰艦在到達日本近海時，竟找不到登陸的地點，在元軍停泊於海上的一個月裡，元軍艦艇進行的幾次強行登陸作戰均告失敗。此後戰鬥又持續了一個多月，元軍的損失慘重，依然不能突破石牆，後又遭強颱風襲擊，敗退而歸。

據說，「弘安之役」時執權北條時宗探得十餘萬蒙古大軍來襲，求助祖元。祖元寫下「莫煩惱」三字相贈，以消除煩惱的「無畏」砥礪武士精神：「若能空一念。一切皆無惱，一切皆無，猶如着重甲入魔賊陣，魔賊雖眾，不被賊害。掉臂賊魔中，賊魔降伏。」

另在蒙古大軍襲來之時，深受密教影響的京都朝廷動員全國3750大小神社與寺廟加持祈禱，鼓吹蒙軍大敗是由於「神風吹來」，而時宗卻在禪的「不假外求」、「自力本願」精神的鼓舞下，擊退元軍。

禪宗的生死觀，對武士階層也產生了巨大的影響。對於每天必須準備殺戮與被殺戮的武士來說，參透生死，對其盡忠遂職是非常重要的。

十七世紀的武士著述家大道寺友山在他所著的《武道初心集》的開頭這樣寫道：

> 對於武士來說，最重要的是從元旦拂曉一直到年三十的最後一刻，都把死的念頭置於心中，這個念頭融於身心的時候，你能十二分地盡你的義務。對主忠，對親孝，也自然可以避免

一切災難。這樣不僅能獲得長命，還可以具備威德。你要這樣想：人命無常，特別武士之命更是無常。你要想：天天都是你的死期。為了實現你的義務，你要奉獻出日日夜夜。不要想長壽，這會使你浪費掉一切，使你的生命幽閉於污名之間。正成（楠木正成，南北朝時代武將）之子正行（南木正行，南北朝時代武將）總持有死的覺悟，原因正在於此。[10]

日本有一本堪稱武士道經典的著作《葉隱》，「葉隱」如樹木的葉蔭，在目不可見處為君主捨身。十八世紀初葉由佐賀藩藩士田代陣基整理出《葉隱聞書》，共十一卷一千二百餘節。《葉隱》表現的武士道關於死的思考。

《隱葉》中有如下一節：

> 所謂武士道，決意一死也。必擇一而行之處，速擇死路而別無仔細，鎮定自若，一無反顧也。言志不遂則為徒死者，上方（上方：指京都大阪一帶，此地武士較武士發源地鐮倉武士弱）虛張之武士道也。必則一而行之處，無暇遂其志。人皆好生惡死，而理則多附之所好。離其志而生，懦夫也，不堪之境也。離其志而死，徒死之狂人也，然不為恥。此乃武道之主眼。朝夕於意念一死再死，入常處死身之時，得武道之神髓，終身立於不敗之地而盡其家職。[11]

禪宗的本體論是「本來無一物，何處惹塵埃」，「日月星宿、

山河大地、泉源溪澗、草木叢林、惡人善人、惡法善法、天堂地獄、一切大海、須彌諸山、總在空中；世人性空，亦復如是。」「生死皆妄念」，「生為夢幻，死為常住」，「方死方生，方生方死」，「死生如一」，「見性成佛」，佛性無生無死。

據《六祖壇經》記載，永嘉玄覺禪師初見六祖惠能大師，道了一句：「生死事大，無常迅速。」六祖就說：「何不體取無生，了無速乎？」玄覺即答：「體即無生，了本無速。」[12]

上段話的意思是說：玄覺禪師對六祖惠能說：「生死之事，真是無常而迅速，無法把握。」惠能說：「何不體會萬法無自性，當體就是空，也就是無生的道理呢？你悟到你的身體本來就是空，當下無生，生死問題不就解決了嗎？有什麼快與慢呢？你起心用意就有了生死啊！」玄覺馬上答道：「如這身體本無生死，也就知道了本來也沒有什麼快與慢了。」傳南宋末年，元軍進逼溫州，包圍了雁蕩山能仁寺，眾人紛紛逃離後，祖元安坐在元軍刀叢之中參得禪偈：「乾坤天地舊孤笻，喜得人空法亦空，珍重大元三尺劍，電光影裡斬春風。」元將聽了無學祖元的禪偈，竟有所領悟，沒有殺他。

無學祖元這四句詩偈無非是在講禪宗的「不動空智」。天地乾坤、身體生命，不過像一根舊枴杖一樣，「人空法亦空」之人與萬物圓融相入，無所分別，「大元三尺劍」能奈已人空法空之人如何？人空物空，即使手起刀落，也無非就像「電光影裡斬春風」一樣。無學祖元的禪偈，形象地表達了禪的生死觀的精髓。

但是，一種文化在從它的生發之地傳播到另一個民族，並被其接受時，一定會在被理解、消化的過程中，浸染這個民族的文化與心理的特色。文化的傳播過程，也是一個文化的再創造過程。

鈴木大拙曾說過：

> 禪以外的佛教各派對日本文化的影響範圍，幾乎僅僅限於日本人的宗教生活方面，只有禪超出了這個範圍，深入到了國民文化生活的所有層次之中，這是意義深遠的事實。在中國，不見得與此相同，禪和道教的信仰與實踐，甚至也和儒教道德廣泛地結合在一起，但對其國民的文化生活的影響，並不像日本那麼大（日本人之所以熱心地採納禪，並且使它深入其生活，恐怕在民族心理方面有原因）。[13]

確實，佛教及禪宗，在中國一貫是與儒教等精英傳承的入世哲學的「大傳統」相對的「小傳統」。偏重出世，常住山林、廟宇，禪宗對中國文化的影響，也局限在宗教、思想和文學藝術領域，沒有「像日本這樣深入到了國民文化生活的所有層次之中」，尤其是從來沒有與日本武士集團這樣支配全社會的大規模武裝集團結合在一起，並成為其宗教與道德的中心。雖然從唐末開始有「狂禪之風」，但不過是一些禪僧在廟裡禪林狂叫幾聲「見佛殺佛，見祖殺祖」，但其範圍未超出宗教內部改革的範疇。怎樣與一個血腥的職業集團結合？這是中國的禪宗從來沒有思考的問

題，因此武士階級對禪宗的理解，必然會有離開中國禪宗初衷的部分。

中國的禪宗，雖然有「天堂地獄、一切大海、須彌諸山、總在空中」的本體論，但是這種本體論是建立在「慈悲與行善」這一佛徒不說自明，理所當然的宗教實踐論的基礎上的。在禪宗裡，知行合一，本體論是包含在實踐論之中的，甚至實踐比本體論更重要，如果離開了「慈悲與行善」的實踐基礎，「本來無一物」的本體論也將失去其載體。

《六祖壇經》中說：

善知識！常行十善，天堂便至，除人我，須彌倒；去邪心，海水竭；煩惱無，波浪滅；毒害忘，魚龍絕。自心地上，覺性如來，放大光明，外照六門清淨，能破六欲諸天。自性內照，三毒即除，地獄等罪，一時消滅，內外明徹，不異西方。不作此修，如何到彼？[14]

在這裡，六祖惠能雖然否定超越人心的天堂與地獄的存在，但是卻強調天堂就在宗教實踐之中。「常行十善，天堂便至」，所謂「十善」，來源於藏傳佛教經典《十善經》，即：一不殺生、二不偷盜、三不邪淫、四不妄言、五不綺語、六不兩舌、七不惡口、八不慳貪、九不嗔恚、十不邪見。此中前三為身業，中四為口業，後三為意業。業者，事也。若持而不犯，則為十善；若犯而不持，則為十惡。而消除地獄之罪，也在「自性內照，三毒即

除」的宗教實踐中（三毒：貪、嗔、癡）。

當鐮倉時代具有文化人類學意義上的社會功能所內包的歷史目的性，「狡獪」地出現在它的實踐者——武士階級及其所敬仰的新興宗教的時候，鑒於武士社會嚴密而牢固的主從結構和他們所必須履行的職能，它不可能把中國禪宗的慈悲作為其實踐的基礎，而是選擇了絕對的「忠」作為武士「至善」的行為準則並將禪宗「本來無一物」的本體論無限放大，將由佛教的善惡觀而來的「天堂和地獄」觀念徹底虛化，而使武士認為超越生死完成「至忠」的過程，就是一種「禪的修行」與「禪的解脫」。

日本戰國時代武將上杉謙信為他的家臣留下了如下訓誡：

必生者死，必死者生。心志如何主焉？深得此心，守持而彌堅，則入火不焚，入水不溺，何以關生死？予常以此理而入三昧。惜生厭死者，未得武士之心膽也。[15]

同是戰國武將的武田信玄也在他的《信玄家法》中談及禪與死的關係：

應篤信佛心。曰：達佛心則時時力增。以橫心勝人，則露而亡。傳曰：神非禮不受。

應喜參禪，語曰：參禪別無秘訣，唯生死之要。[16]

上杉謙信還在臨終時分別作了漢詩與和歌：

一期榮花一杯酒，

四十九年一睡夢。

生不知死亦不知，

歲月只是如夢中。

極樂地獄且莫論，

心月燦然無點雲。[17]

　　這樣，隨着禪宗成為武士的宗教，日本人生死觀也發生了重大的轉變，也就是完成了從王朝社會的「御靈信仰」轉化為「死者即佛」的過程。

　　前面我們講過，法然順應武士社會的內在要求，宣揚一切「貧窮困乏、愚鈍下智、少聞少見、破戒無戒」之人，甚至以「弓矢為家業」者，只要勤唸佛號，皆得往生。親鸞則言「縱殺千人，也可往生」。而道元則創造性地從禪理出發，提出了「悉有即佛性」的觀點。

　　在佛教經典《大般若涅槃經‧獅子吼品》中有這樣一句話：「一切眾生皆有佛性，如來常住無有變易」。「一切眾生皆有佛性」的原意是：一切眾生皆有可以成佛的種性，經過修行使這種種性成長開花，就可以成佛。而道元故意誤讀誤釋此句佛經，將這句佛經解釋成「一切即眾生，悉有即佛性」，將一個需要等待的遙遠的涅槃拉回當下的時時刻刻，修證一如——修行不是開悟的手段，修行就是開悟，開悟就是修行，佛性在每時每刻之中，在生生死死之中。

（左）上杉謙信像。
（右）武田信玄像。

因此他說:「明生知死,乃佛家大事因緣。生死之中有佛,則無生死,生死即涅槃,然不應以其為生死而厭之,以其為涅槃而悅之。」[18]

這樣,生死為空的禪宗的本體論,在道元「生死之中有佛」的認識論中昇華,這與日本中世紀的「死者即佛」思想的流行有很大關係。這種思想使武士階級在宗教上感到了雙重的解放,首先他們從自身所從事的殺戮職業的愧疚中得到解放 —— 被殺戮者可以成佛,同時也會從他們本人對地獄的恐懼中得到解放 ——他們死後也將成佛。

他們所遙望的是一個佛教終極的真理——佛陀只有滅度無量無數無邊的眾生之後方能進入「無餘涅槃」,他們所拋棄的是佛徒不可逾越的實踐——「心地但無不善,西方去此不遙;若懷不善之心,唸佛往生難到」(《六祖壇經》),他們奔向的是他們心中的至善之路,盡忠盡職,讓生命在血色刀光中為主人像櫻花一樣飄零:

縱使身在利劍下,心在主君馬首前。[19]

日本的「死者即佛」的思想,是日本獨特的佛教文化,在除日本以外的世界上任何佛教國家也不曾見到。在日本的詞典上,在解釋「佛」這個詞時,有一種解釋就是「死者」。

關於這種思想的起源,日本國內學術界也沒有定論。《岩波佛教詞典》介紹了兩種觀點:一是中世紀以後,有一種祭祀死者

的器具的讀音與日語的「佛」讀音相近，因此在不斷演變過程中成了死者的稱呼。二是在佛教傳來的時候，日本人把佛也看成神的一種，人是可以成神的，因此也就把人當成了佛，進而也把死去的祖先稱為「佛」。[20]

前面我們提到過，日本民俗學家柳田國男認為：在日本的民間信仰之中（古神道），在人死後一定年數以內的靈魂，被稱為「死靈」（荒靈），由此和「祖靈」相區別。經過一定年數的供奉，「死靈」則在不斷的供奉中逐漸失去個性，到了死後的一定年數以後，要舉行「升祀」活動，經過了「升祀」活動的「死靈」，就成為了完全失去了個性的「祖靈」的一部分。

而日本學者奈良康明認為：隨着佛教傳入日本，與印度、中國等國的靈魂觀和死後觀融合，形成了日本有關死者的獨特觀念。如印度、中國的「中有」觀念（在印度的輪迴觀念中，從死後到再生之間的狀態叫「中有」，共 49 天），這種觀念適合日本的「荒靈」的觀念，也成了日本「中陰法事」的基礎。

　　將死者稱為「佛」的習俗，是佛教與日本習俗融合的產物。佛是佛陀，是開悟的人，將死者稱為「佛」，在教理上是錯誤的。佛教宣揚千萬人成佛，成佛是一種理想，而這裡的「佛」，有不知不覺間和「荒靈」同一化的傾向。日本的葬儀葬禮，是以中國寺院裡的亡僧（在修行中死去的僧人）的葬儀為原型的。在中國，亡僧之靈是「覺靈」，因此稱為「佛」，因為沒成佛前身先死，本人十分悲傷，稱其為「佛」，是對死

去的亡僧的一種關照。因此，從佛教的觀點來看，將死者稱為
「佛」，有對死者同情的一面，同時從日本的「荒靈」觀點看，
成佛的「荒靈」通過中陰法事成為「祖靈」，這和中國亡僧的
葬儀做法是完全沒有矛盾的。因為「祖靈」到後來也是要成佛
的。如果我上面的解釋是正確的話，那麼將死者稱為「佛」，
雖然在教理上是錯誤的，但這是民間信仰與佛教教理融合，佛
教方面則用佛教教理包容傳統的葬儀，創造出新的佛教葬儀，
這是促使佛教在日本生根開花的一個重要因素。[21]

但是如果按照道元的「修證一如」理論，「死者即佛」在教
理上也並非錯誤。在道元那裡，悟就是修，修就是悟，一次剎那
的修行就是一次澄明的頓悟，而且「生也現全機，死也現全機」，
生死與成佛相即不二。並不是「蝴蝶一定要經過蛹的掙扎，才
能得到一對翅膀堅實如畫」，而是每一次掙扎都是一次絢麗的騰
飛；不像花朵要經過日精月華才能碩果纍纍，每一次開花就是一
次圓熟的瓜熟蒂落！

這種「死者即佛」的觀念，一直延續到現在，是日本人生死
觀的重要組成部分。在現在的警探片中，警察還經常把他們檢屍
的對象稱為「佛」，這是日本傳統的神道與佛教融合的產物，是
「怨靈恐懼」在歷史發展過程中與佛教、特別是禪宗相互影響的
結果，是祖先信仰和涅槃思想成功的文化嫁接。

日本宗教人類學學者佐佐木宏幹認為：在日本的「佛」的觀

念中，具有「佛」（者）、「死靈」、「祖靈」三者相互包含的性質。

對於禪宗曹洞宗的施主的意識調查顯示：家裡設有佛壇的人家有 91.7%，其中「每天都拜佛壇」和「有時拜佛壇」的加在一起為 80.6%。這個結果清楚地表明，佛壇是人們佛教信仰的中心。

毋庸贅言，佛壇是供祭佛像的地方，本來是寺院的內佛堂，也就是相對於寺院正殿裡供祭的本尊，僧人在自己起居之處，安置供自己朝夕拜祭的佛像的地方，但是伴隨着佛教在民眾中的滲透與擴大，各家也都有了佛壇。雖然根據宗教的不同有所不同，但是大致的佛壇，與其說的是供佛，不如說供的是佛的牌位。

產生這種現象的理由雖然能列舉出種種，但最大的理由，是我們前面所提到的「佛」的多義性。像僧職人員將佛和死者的人格做意義上的連結，將佛和死者都稱為「佛」，在名稱上兩者是同格的。通過將本尊之佛和內在於牌位的死者的人格用同一稱呼來稱謂，使兩者的性格曖昧化，淡化兩者的區別。

對於活着的人們來說，本尊之佛是佛，自己死去的親人（牌位）也是佛，因此這種牌位更讓人感到親近，這也是人之常情。實際上，在日本各地都可以看到這樣的缺少佛像而只有牌位的家庭佛壇。[22]

「佛壇是在家庭內部形成的小型寺院，是微型的佛界和佛

國，在這裡，生者和成『佛』的死者交流交感，形成與佛共生的特殊空間。」[23]

只有流芳千古　沒有遺臭萬年

————————————

　　2013 年初，日本東京電視台播放了大型賀歲歷史連續電視劇《白虎隊》，反應熱烈。有關白虎隊的故事，對日本人來說真是膾炙人口。不僅出版了無數書籍，而且各種電影、電視劇也以這個故事為題材，可謂「百拍不厭」，而日本人也是「百看不厭」，2007 年就拍過電影，1986 年日本電視台也以這個題材拍過歲末特選歷史連續電視劇。

　　白虎隊的故事發生在江戶時代末年。

　　1867 年，日本孝明天皇駕崩，明治天皇即位。1868 年 1 月 3 日，天皇發佈《王政復古大號令》，廢除幕府，令幕府將軍德川慶喜「辭官納地」。德川慶喜糾集幕府軍與之對抗，1 月 8 日及 9 日，德川慶喜在大阪宣佈《王政復古大號令》為非法。1 月 27 日，以薩摩、長州兩藩為主力的天皇新政府軍共 5000 人，在

京都附近的鳥羽、伏見等地迎擊幕府軍的進攻。經兩天激戰，德川慶喜敗走江戶（今東京）。3月3日，天皇下令以有棲川宮熾仁親王為東征大都督，率兵5萬舉行東征，勢如破竹，至4月初進抵江戶城郊。在新政府軍的強大壓力下，德川慶喜被迫於5月3日獻城投降。幕府倒台後，近畿以西的中立各藩宣佈效忠新政府。但是，東北地區幕府中心勢力會津、莊內兩藩結成同盟，並得到仙台、米澤、新發田、長岡等31個藩的支持，他們於6月結成「奧羽越列藩同盟」，繼續與新政府對抗。當時「奧羽越列藩同盟」的武士們裝備十分落後，多是土槍土炮，而新政府軍已使用洋槍洋炮。其實這樣的大戰對於「奧羽越列藩同盟」來說無異於以卵擊石，政府軍連拔長岡、新潟，然後兵臨會津藩的最後堡壘——若松城。

白虎隊是會津藩勢力中的預備兵力，由十六、七歲的少年組成，他們的任務本來是擔任會津藩的牙城——若松城（現在的鶴城）的防衛。但是在懸殊的力量對比中，會津藩勢力節節敗退，白虎隊的少年們也抱着「寧為玉碎不為瓦全」的意志，突入前線，多有戰死。8月23日，他們帶着傷員退到郊外的飯盛山，20名隊員站在飯盛山頂遠望被戰火包圍的鶴城，以為城池已破，君主陣亡。於是全體在飯盛山頂剖腹自盡，其中只有一位生還，他叫飯昭貞吉。到了晚年，他向人們講起了白虎隊的故事，使這個故事得以流傳。

至今飯盛山周邊還流傳着關於白虎隊的武士道佳話，和白

虎隊相關的地方，都成了名勝。在飯盛山上的白虎隊自盡處，有白虎隊的墳墓，還建立了紀念碑。每年春天 4 月 24 日和秋天的 9 月 24 日，當地的高中生們都會跳起劍舞來紀念白虎隊。附近保留着白虎隊當年進入城下時使用的「戶的口堰洞穴」。從戶的口堰洞穴到飯盛山北部長約 210 米的水路現在只有祭奠時才許通過。這裡還有白虎隊紀念館，為了使白虎隊的悲劇故事流傳後世，在紀念館展出許多珍貴的歷史資料。

白虎隊是反對明治新政府的勢力中的武士，按照中國人的歷史觀來說是「逆歷史潮流而動」的「反動派」，但是日本人認為他們是對主人至忠至誠的英雄，可歌可泣。

其實不止白虎隊，在日本的歷史上，根本無法找到像中國的秦檜那樣「遺臭萬年」的人物。不論人們在歷史中做了什麼，只要他們死了，就會在「死者即佛」的觀念中，成為護持日本人的「共同的祖先」，而對於日本人來說，祖先永遠是值得驕傲的。

在日本，死是一種全方位的肯定，不會「或重於泰山，或輕於鴻毛」。

註釋

¹ 大織冠：大化三年（674 年）日本所制定的官位，分 13 個等級，而其

標章稱為「冠」，大織冠為人臣最高等級。

² 新渡戶稻造著、山本博文譯：《現代語譯武士道》（『現代語訳　武士道』），筑摩書房，2010 年，頁 98-100。

³ 黃自進主編：《蔣中正先生對日言論選集》，台北：中正文教基金會，2004 年，頁 1023。

⁴ 同註 3 引書，頁 192。

⁵ 同註 3 引書，頁 277。

⁶ 覺阿（1143-1182 年）：為日本平安時代後期、鎌倉時代初期的天台宗僧人，俗姓藤原，曾在比睿山參天台宗得道。在南宋孝宗乾道六年（日承安元年，1171 年）與法弟金慶一起入宋，在杭州靈隱寺圜悟克勤的弟子瞎堂慧遠（1103-1176 年）門下學禪，承繼瞎堂慧遠法嗣，受法印。大定十五年（1175 年）回到日本，入比睿山。回國後還和瞎堂慧遠有書信和物品的交往。據說高倉天皇（1168-1180 年在位）曾向其問法，而他只對高倉天皇吹了一次笛子。高倉天皇無法理解。

⁷ 榮西（1141-1215 年）：日本佛教臨濟宗創始人。19 歲至比睿山學天台教義，並受密教。宋乾道四年（1168 年）4 月，榮西渡海入宋抵達寧波。在天台山和阿育王山巡禮。同年 9 月，榮西返回日本。1187 年 4 月，榮西再次在寧波登陸。先訪廣惠禪寺，旋登天台山，在萬年寺（是南宋禪宗活動中心之一）從禪宗大師虛庵懷敞受臨濟宗黃龍派禪法，並對此處的「羅漢供茶」作了記錄。1191 年，榮西學成回國，先後創建聖福寺、壽福寺和京都建仁寺，作為弘揚台、密、禪三宗的基地，並融三宗創日本臨濟宗。

8 道元（1200–1253年）：日本佛教曹洞宗創始人。俗姓源，號希玄，京都人。14歲就比睿山天台座主公圓出家，於延曆寺戒壇院受戒，遍學天台教義。1214年到建仁寺謁榮西，習臨濟宗。1223年，與師明全入宋求法，登天台山萬年寺，拜謁元鼐住持，並在天童山臨濟宗大會派的無際了派（1149–1224年）指導下學禪。歷遊天童、阿育王、徑山等著名寺院之後，又回到天童山，在天童寺師事長翁如淨。如淨為曹洞宗第十三祖，曾住持台州瑞岩淨土寺（今浙江黃岩縣）多年，又從台州瑞岩寺調任寧波天童寺住持。道元三年後開悟，得法衣及《寶境三昧》、《五位顯法》等，於1227年回到日本，在建仁寺掛錫；1230年，轉入山城國深草的安養院，1233年在深草建觀音導利院（後來的興聖寺），為日本最初的禪堂。1243年，在越前（今福井縣）開創永平寺，後成為日本曹洞宗大本山。

9 鈴木大拙：《鈴木大拙說禪》，張石譯，浙江大學出版社，2013年，頁128。

10 同註9引書，頁141。

11 同註9引書，頁143。

12 《六祖壇經》，機緣品，第七卷，筆者作現代語譯。http://www.jingshu.org/article-17149-1.html

13 同註9引書，頁94–95。

14 《六祖壇經》，決疑品，第三卷。

15 同註9引書，頁149。

16 同註9引書，頁149。

17 同註 9 引書，頁 155。

18 道元：《修證義》第一章，第一節。http://www.saikoji.net/houwa/houwa0707.html

19 幕府末期志士加藤司書詩作，見《武士道讀本》，武士道學會、國書刊行會編（『武士道讀本』、武士道學會‧國書刊行會編），2013 年，頁 36。

20 http://www.nikkeibp.co.jp/style/secondstage/manabi/ceremony_090731_2.html

21 奈良康明編著：《知曉日本佛教的事典》，東京書籍（『日本の仏教を知る事典』、東京書籍），1995 年，頁 104–105。

22 佐佐木宏幹：《神佛與日本人 —— 宗教人類學的構想》，吉川弘文館（『神と仏と日本人：宗教人類學の構想』、吉川弘文館），2010 年，頁 150–151。

23 同註 22 引書，頁 151。

第四章

抗日戰爭中日軍的
「敵人祭奠」

日本人「敵人祭奠」的傳統

———————

　　根據日本人的生死觀和文化傳統，日本對於死者，哪怕死者是敵人，不僅對於本國的敵人，而且對於敵對國的敵人，也展開祭奠活動。

　　日本神奈川縣鐮倉市的圓覺寺，就是我們前面提到過的鐮倉幕府第八代執權北條時宗在弘安五年（1282 年）為祭奠在文永之戰（1274 年第一次蒙古襲來）和弘安之戰（1278 年第二次蒙古襲來）中戰死的日本、蒙古、中國及高麗的戰死者建立的寺院，是日本臨濟宗圓覺寺派大本山，1279 年來日的宋僧無學祖元為開山祖，這裡對於各國的戰死者不加區別一起供養。

　　1927 年，在日本九州福岡的博多灣，為祭奠蒙古襲來時的蒙軍戰死者，還建立了「蒙古軍供養塔」，這一年的 3 月 7 日，在博多灣舉行了揭幕儀式，當時的「東北王」張作霖還為揭幕儀式送來了親筆信，他在信中寫道：

> （不分敵我都進行祭奠與供養這一）大智慧，能拯救所有的人，擴展此慈悲之心及至亞洲，帶來和平，此塔之建立，體現最高之教義，天也將為之而喜。[1]

　　在日本和歌山縣的高野山有日本著名高僧弘法大師空海的靈

廟，在通往靈廟的路上，可以看到五座塔，中央的塔上寫着「日本建國以來各戰役關係戰病死者供養塔」，而圍着這座塔的四個塔上分別寫着：

1. 明治二十七八年（1894 年、1895 年）日清兩國戰病死者供養塔。

2. 明治三十七八年（1904 年、1905 年）日俄兩國戰病死者供養塔。

3. 自大正三年（1914 年）至大正六年（1917 年）世界大戰（第一次世界大戰）關係諸國戰病死者供養塔。

4. 滿洲、上海兩事變日滿支三國戰病死者供養塔。

抗日戰爭中日軍的「敵人祭奠」

日本對敵方戰死者的祭奠，一方面來自「怨靈恐懼」、「死者即佛」的文化，另一方面來自武士道的傳統，對於忠實、勇敢、壯烈、慷慨赴死壯烈之敵，日本武士一貫獻以至高的尊重。

日本戰國時期名將上杉謙信以其出色的能力統一了越後（相

日本軍在日俄戰爭所建日俄兩軍靈碑。

當於現在除佐渡島外的新潟縣）之後，努力恢復室町幕府的舊秩序，與南方的武田信玄多次作戰，曾進行過五次川中島合戰，但是他對他的敵人非常敬佩。

新渡戶稻造在他的名著《武士道》中指出：

上杉謙信同武田信玄打了 14 年仗，但當他聽到信玄的死訊時放聲痛哭，說他失去了「最好的敵人」。

謙信對信玄的態度，始終顯示出高尚的風範。信玄的領地是離海很遠的山地，要仰賴東海道的北條氏來供給食鹽。北條氏雖然表面上沒有同信玄交戰，但是卻希望削弱他的力量，因此禁止與信玄進行必需品的貿易。而能夠在領地的海岸得到鹽的謙信，聽說信玄的窘迫處境後，就修書給信玄說：「聞北條氏為令公困窘，禁止鹽商，此行極為卑劣，我雖與公爭，唯鹽可供公足用。」

謙信又寫道：「吾與公爭，以劍戰之，非以鹽。」

這正如羅馬將軍卡米勒斯所說：「羅馬人非以金戰，而以鐵戰」，尼采說：「請以你的敵人為自豪，如是，敵人的成功，就是你的成功」，這句話正是武士情懷。的確，勇敢與榮譽，只能到平時值得引為朋友，戰時值得作為敵人的人那裡去尋求。至勇近仁。[2]

1937 年 12 月 13 日，日軍佔領南京。而 12 月 14 日的《朝日新聞》朝刊，發表了一篇盛讚民國將士奮勇抗戰、悲壯犧牲的報

道，他們像日本盛讚會津白虎隊一樣，把民國將士稱為「南京白虎隊」：

> 紅顏碧血中山陵
>
> 勇哉！「南京白虎隊」
>
> 我軍將士淚濕衣袖

【紫金山中村特派員 13 日發】南京城完全佔領，在我精銳部隊的大包圍中，堅守到最後的蔣介石麾下的教導總隊中，有令人想起與會津若松城共存亡、碧血灑江天的白虎隊壯烈勇士。南京白虎隊最後的犧牲和戰績讓我軍勇士淚灑疆場。

……從十日到十二日，敵人抵抗的頑強難以用語言表達，在拚死的瘋狂彈雨中，我軍反覆進行突擊。十二日午後，我片桐部隊逼進中山陵正西附近，同時，大野部隊突破孝陵衛，佔領了西山，到達中山門東方約一公里處的時候，步哨對我們說：「他們好像是知道了大野部隊今天突擊似的，在我方從孝陵衛一帶向西山高地突擊，接近敵人戰壕的時候，手榴彈不斷地投過來，從山丘上往下滾，戰士們踢飛手榴彈，衝入敵陣，勇猛刺殺敵人，地上死屍一片，而敵人也十分勇敢。」

通過觀察敵人的死骸可以知道，死守紫金山麓中山陵關的敵軍是南京軍官學校的學生。所謂的軍官學校，相當於日本的士官學校。軍官學校的學生加上護衛蔣介石的精銳部隊教導總隊，發誓浴血死守，進行了悲壯與果敢的抵抗。「即使南京陷落我們也絕不後退，誓與南京共生死」——在這裡可以看到他

們可與會津若松白虎隊的古事媲美的勇敢與決心。

在我片桐部隊的正面，中山陵東山丘陵上，並列着十幾座鋼筋水泥碉堡，從可怕的槍眼中將瀑布般的彈雨射向我軍。

從午後五時開始，我軍的炮擊準確無比地避開孫文陵墓，在隆隆的轟鳴中擊中東西碉堡。因為我軍曾發出嚴命——「不許炮擊中山陵」。只見土煙在森林中的中山陵的前後左右不斷升騰，中山陵雄姿在硝煙中呈現，顯現了它未曾有過的悲壯。逼進中山陵的我坦克部隊，突進中山陵的甬路，坦克部隊行進聲音止息後，周圍一片寂靜，時而「嗖嗖」地落下幾顆手榴彈，時而像是忽然想起來了什麼似的落下幾顆迫擊炮彈，發出幾聲爆裂聲音，然後夜晚就變得十分寂靜。在三天的總攻擊中，特別是在十一日的夜裡，「白虎隊」在片桐、大野部隊的前線多次發起勇敢的反攻，那一夜的激戰真是悲壯至極。

「這是上海戰役以來最激烈的戰鬥。」步哨接着説。當然，這不用他説，南京總攻擊戰名副其實，是攻佔首府的悲壯絕倫的戰鬥，而這裡有在南京陷落的最後一夜仍然絕不退卻，直到最後戰死的「白虎隊」，聽説還有的人知道了戰局後自殺。在他們的身上，流淌着東洋人的血。看看這由於支那政治家的錯誤而帶來的最後結果吧。記者在這「南京白虎隊」的最後的夜晚，向着月空，以虔敬的心情，獻上敬意。（午後十時記）。

1940 年 5 月 16 日深夜，日軍漢口廣播電台中止正常廣播，

（上）日軍在山東戰場所建的中國無名戰士之墓。

（下）佔領南京的日本兵為倒在路旁的孫中山銅像覆蓋青天白日旗。

插播一則消息：

據前方戰報，大日本皇軍第三十九師團在本日「掃蕩」湖
北宜城溝沿的作戰中，向敵三十三集團軍總部發動了決定性打
擊而將其消滅。在遺屍中發現了支那大將張自忠總司令及其下
屬幕僚、團長等多人，同時繳獲大量軍事文件和軍用地圖，收
到極大戰果。

……

張自忠總司令，字藎忱，盧溝橋事件爆發時，是天津市長
兼當地中國軍第三十八師師長，性格溫厚，威望極高。中國事
變爆發以來，如此高級的指揮官戰死，這是第一個。張自忠總
司令泰然自若之態度與大將風度，從容而死，實在不愧為軍民
共仰之偉丈夫。

……

我皇軍第三十九師團官兵在荒涼的戰場上，對壯烈戰死的
絕代勇將，奉上了最虔誠的崇敬的默禱，並將遺骸莊重收殮入
棺，擬用專機運送漢口。[3]

據說在這之後日軍為張自忠將軍進行了「慰靈活動」，並將
張自忠將軍安葬。

張自忠（1891–1940 年）為抗日殉國將領。1940 年 5 月棗宜
會戰時只有兩個團駐守襄河西岸。張自忠作為三十三集團軍總司
令，兼任第五戰區右翼兵團總司令，身為總司令，他本可以留在

後方坐鎮指揮，但他親自率部由湖北宜城渡襄河截擊南撤日軍，衝鋒陷陣，奮戰九晝夜，陷入日軍重兵包圍，負傷五處仍堅持指揮作戰，於 16 日在宜城南瓜店壯烈犧牲。

如果是中國人，聽見人們將在侵略中國的戰爭中死去的侵略軍將士稱為「英靈」一定會非常憤怒。但是在抗日戰爭期間，日本人將日軍的戰死者與他們的敵人──中國軍隊的戰死者都稱為「英靈」。1941 年的《朝日新聞》（夕刊）上，刊登了題為「擁抱在大慈大悲的懷抱中 老翁贈送給日支英靈的觀音像」的消息：為了供養在這次事變中，陣歿的百數十萬的日支兩國勇士之靈，名古屋的一名篤信家將大慈大悲的觀音像贈給「中華民國政府」，近日將安置在南京古剎。

《朝日新聞》有關日軍「敵軍祭奠」的報道（1937.7–1945.8）

發生時期	發生地	報道標題	刊登日期
1937.8.26	不明	灑淚獻給敵軍士兵的墓標 悲壯戰死的支那青年將校 獻上我武將之情	1937.8.29 朝刊
1937.9.5–7	中國羅店鎮	秋風習習 血雨腥風新戰場	1937.9.17 朝刊
1937.9.22	中國上海	從軍僧也上最前線	1937.9.24 朝刊
1937.10.5	中國羅店鎮	平等一如的葬禮 李的靈魂 安息吧！	1937.10.9 朝刊
不明	中國	無名戰士 安息吧！	1937.11.25 夕刊

1937.12.12	中國南京	紅顏碧血中山陵 勇哉！「南京白虎隊」 我軍將士淚濕衣袖	1937.12.14 朝刊
1938.2.7	中國洛陽	穿過洛陽的狂風　部下英 靈碧血灑江天	1938.2.9 夕刊
1938.2.8	中國南京	陣歿支那兵慰靈祭	1938.2.9 朝刊
1939.7.30	中國開封	北支軍慰靈祭	1939.8.2 朝刊
1941.1.8	中國各地	不斷建成的忠靈塔	1941.1.8 朝刊
1941.2.26	中國南京	投入大慈大悲之懷　老翁 贈給日支英靈的觀音像	1941.2.26 夕刊
1941.9.11	日本東京	畢生寫經千卷	1941.9.11 朝刊
1941.11.26	日本各地	日華陣歿者慰靈祭	1941.11.26 夕刊
1941.12.17	日本熱海	興亞觀音堂慰靈祭	1941.12.24 朝刊
1943.11.7	中國浙江奉化	獻給敵將之情	1944.3.6 朝刊

　　如上表中《朝日新聞》（1937.11.25 夕刊）以「無名戰士　安息吧！」刊登了日軍為中國陣亡將士豎碑的照片，並寫下照片說明：「雖說是受到了抗日之妄言的鼓惑，敵兵也是壯麗地血灑疆場，見他們屍橫遍野，悲乎，哀乎！我軍勇士的眼中噙滿大和魂之淚水，無名的敵軍將士，安息吧！那在白色的木柱上揮毫之筆，想起他們時也會令人住筆思念，那是慈悲之心的墓碑。於北支戰場，小川特派員攝影。」

松井石根與「興亞觀音」

在 1938 年 2 月 9 日的《朝日新聞》（朝刊）上，刊登了題為「陣歿支那兵慰靈」的消息：

> （南京特電八日發）在正義日本之利刃下倒下的支那陣歿者不下幾十萬，為祭奠這些戰死之靈，以示皇軍之武士道，八日午前十時，上海派遣軍在南京江門廣場舉行了盛大的支那戰歿者祭奠儀式，以祭奠儀式委員長上村大佐為首，松井最高指揮官代理松平中佐、福井總領事等日本方面多人參加祭奠儀式。為了感謝上海派遣軍舉行如此莊嚴的儀式，南京自治委員會以孫戚容副委員長為首的各委員等多人參加祭奠儀式。日支兩國具有代表性的僧侶唸經超度，上村委員長等參加者一行上香後，盛大之祭奠結束。

在這個祭奠儀式之前的 1937 年 12 月 13 日，日軍攻陷當時的中國首都南京，發生了「南京大屠殺」，而上文提到的「松井最高指揮官」就是松井石根。松井石根在日本和中國都被認為是甲級戰犯之一，特別是在中國人印象中，松井石根是南京大屠殺事件的十惡不赦的元凶。其實松井石根不是甲級戰犯而是犯有「戰爭罪行」的乙級戰犯。同時他也是一個立場和性格都非常複

雜的人物，更鮮為人知的是，他和中國歷史上的許多重要人物都有過親密的交往，特別是和蔣介石私交甚篤。

松井石根於 1878 年 7 月 27 日出生在日本名古屋市的一個武士家庭中，明治維新後其家的武士俸祿被取消，加之家中兄弟姐妹多達 12 人，家境非常窮困。到了上學的年齡，家裡沒有錢供他，只好為他選擇了不交學費的牧野幼年學校，他以優異的成績畢業後，進入日本陸軍士官學校，1898 年畢業，又入日本陸軍大學。

1904 年日俄戰爭爆發，松井石根中斷學業，隨軍進入中國東北地區與俄軍作戰。在首山堡一役中，松井所率中隊幾被俄軍殲滅，松井本人大腿被槍彈洞穿。戰後松井回國，繼續就讀陸軍大學，於 1906 年畢業。在陸軍大學的時代，他悉心研究中國問題，並學習中國文化與書法。一般陸軍大學的畢業生，在日本陸軍參謀本部服役後，有被派往各國使館任武官的機會，而大多數人都希望去歐美各國，其次才是亞洲等。松井石根畢業後也被分配到參謀本部中國班，但松井主動要求去中國任武官，遂被派往北京任駐外武官，後被調任上海，受到當時支持孫中山革命的滬軍都督陳其美的歡迎。而那時的蔣介石，正好剛剛畢業於陳其美在保定開設的保定軍官學校，年僅 20 歲。他仰慕日本的現代化軍隊與軍事，非常希望到日本留學，陳其美將其介紹給松井石根，並安排蔣與松井石根見面。松井石根鼓勵蔣介石到日本深造，並答應將在各方面給予支持。1908 年 3 月，蔣介石來到日

本，入振武學校留學。翌年松井石根調回參謀本部，對初來乍到的蔣介石多方照顧，蔣介石遇到問題也經常找松井石根商量，他們在日本的交往一直持續到 1912 年 10 月蔣介石回國。

第一次世界大戰期間，松井石根再次回到中國，作為駐外武官在北京和天津常住。在此期間他支持孫中山所領導的護法與反軍閥運動，與當時的中國政界人物如孫中山、汪精衞、宋子文、胡漢民、何應欽、張群、戴天仇等結為摯友。

1927 年，中國的國民政府分裂成以蔣介石為首的南京政府和以汪精衞等為首的武漢政府，在「正統」問題上，各方互不讓步，劍拔弩張。武漢聲稱「遷都」，南京則表示歡迎來京「柄政」。結果是蔣介石於 8 月 13 日退避下野，促成 8 月 19 日寧漢及滬（西山會議派）三派合流。

松井石根知道蔣的處境後，通過張群密約蔣介石來日共商中國政事。蔣介石遂於 1927 年 8 月 24 日秘密來日，時任參謀本部第二部部長的松井石根帶着自己的心腹佐藤安之助，多次與蔣介石、張群等會談，並積極斡旋蔣與田中義一首相見面。1928 年 9 月 15 日，在東京青山的田中義一私邸，田中義一、松井石根、佐藤安之助及外務省政務次官森恪與蔣介石、張群舉行秘密會談。日本方面對蔣提出首先全面掌握揚子江以南地區，不急於北伐，並全力防止共產主義蔓延的建議，蔣對此贊同。日本方面則答應在這兩方面全力支持蔣介石，但要求蔣承認日本在中國東北的權益。蔣介石從日本回到上海以後召開記者招待會，指出：我

們不能無視日本在滿洲的政治與經濟的權益。

但是翌年發生了日本關東軍爆殺張作霖事件，後又發生「九‧一八」事變，使松井石根依靠蔣介石在中國建立親日政權的計劃受到沉重打擊。對此松井石根十分憤怒，主張嚴懲爆殺張作霖的首犯河本大作，並向田中義一首相進言。據説田中義一也贊成松井石根的主張，準備嚴懲河本大作等，但當時的風潮是「上剋下」，下級將校動輒殺氣騰騰，白刃濺血，田中義一屈服於他們的壓力，此事不了了之。

1933 年 3 月，松井石根就任軍事參議官。同年 8 月，調任駐台灣日軍司令官，組織「大亞細亞協會」，自任會長，言稱欲以孫中山「大亞細亞主義」為宗旨，把亞洲從白人的殖民主義之中解放出來。

1935 年，發生了相澤三郎中佐在陸軍省內斬殺軍務局長永田鐵三的事件，表明日本陸軍的「皇道派」和「統制派」的內鬥已進入白熱化，據説松井石根不願介入兩派爭鬥，辭去軍事參議官職務，於是年 8 月，轉入預備役。

1936 年，松井石根至中國廣東、廣西兩地，與胡漢民、陳濟棠、李宗仁、白崇禧等人會談，復至南京與蔣介石、何應欽和張群等人接觸。

1937 年 8 月，爆發淞滬會戰，日本政府起用「中國通」松井石根為上海派遣軍司令官，赴華指揮日軍作戰。

淞滬會戰持續近三個月，中日雙方投入作戰兵力超過百萬。

至當年 11 月，侵華日軍在松井石根的指揮下，以四萬多人傷亡的代價，攻佔上海。11 月 7 日，日軍參謀本部編成「中支那派遣軍」（華中方面軍），由松井石根兼任司令官，轄上海派遣軍和第 10 軍。

11 月 22 日，松井石根正式向參謀本部呈報，主張「必須攻佔南京」。12 月 1 日，日本參謀本部據松井石根的要求，電令華中方面軍攻佔中國首都南京。同日，松井下達了準備攻克南京的作戰命令。13 日，日軍第 6 師團以重炮猛轟南京中華門，炸塌城牆數處，日軍蜂擁而入，南京淪陷。12 月 17 日，松井石根率華中方面軍舉行聲勢浩大的「入城式」。

日軍佔領南京時，製造了大屠殺事件，松井石根也承認：「我軍南京入城之際，惹起幾多暴行掠奪事件，損傷皇軍威德的事件不在少數」，並「不堪痛惜」。迫於國際輿論的巨大壓力，日本政府於 1938 年 2 月，召回松井石根及其部下將佐約 80 人。同年 7 月 20 日松井石根出任內閣參議，至 1940 年辭職。

在松井回國退役後，從戰鬥最激烈的地方——上海北郊大場鎮帶回血土，請愛知縣常滑的佛像陶工柴山清風和雕塑家小倉右一郎，用血土塑成一座高 3.3 米、重約六百公斤的觀音像——興亞觀音。1940 年 2 月 14 日，他在熱海的伊豆山舉行了興亞觀音「開眼式」，觀音像向着南京方面合掌，以祭奠中日兩國的戰死者。松井石根親筆寫下的「興亞觀音緣起文」中有如下的一段話：

余拜大命轉戰江南，所見亡靈無數，痛惜不堪。為憑弔此
　　等亡靈，採江南各戰場彼我之戰血盡染之泥土，建立施無畏慈
　　眼視眾生之觀音菩薩像，以此功德，永施怨親平等之回向[4]，
　　與諸人同念此觀音力，祈仰東亞之大光明。

　　距觀音像不遠處還建了一座觀音堂，堂內祭壇正中設有一座
觀音坐像及一座立像。觀音像前的木匣內擺放着記有松井部下戰
死者 23104 人的名冊，兩側還立着兩個牌位，寫着「支那事變日
本戰歿者靈位」和「支那事變中華戰歿者靈位」，以此表示對中
日雙方戰死者的祭奠。

　　後來又放上了包括松井石根在內，在東京審判時被處以絞
刑的七名甲級戰犯的牌位、被處死刑的 901 名乙、丙級戰犯及在
收監時病死、自殺、事故死和死因不明的 160 名甲、乙、丙級戰
犯，共 1068 名戰犯的牌位。

　　日本戰敗投降後，1945 年 9 月 19 日，駐日盟軍總部下令，
將松井石根作為戰犯逮捕入獄。1948 年 11 月 12 日，遠東國際軍
事法庭判定松井為戰犯，處以絞刑。但他的罪名不是甲級戰犯的
「對和平的犯罪」，而是乙級戰犯的「戰爭犯罪」和丙級戰犯的「對
人道的犯罪」。1948 年 12 月 24 日零時，松井石根在東京巢鴨刑
務所被送上絞刑架。

　　據興亞觀音住持伊丹妙淨女士等介紹：當時松井石根與和他
一起被處絞刑的東條英機、土肥原賢二、木村兵太郎、廣田弘

興亞觀音像。

毅、板垣征四郎、武藤章等人的遺體被送到橫濱久保山的火葬場火化，火化後美軍士兵把七人的遺骨一起裝在一個塗了黑漆的箱子裡，據說扔到了東京灣裡。但是在將骨灰裝進箱子裡時，還剩下一部分骨灰，被美國士兵扔到一個水泥製件坑裡。當時的火葬場場長飛田美善看到了這個光景，他把這件事告訴了原首相小磯國昭的辯護律師三文字正平。三文字正平在 1948 年 12 月 26 日夜偷偷穿過封鎖嚴密的戒嚴網，將這些骨灰收集並取走。對於骨灰的處理，三文字正平與松井石根等被處刑的七名戰犯的家屬商量，於 1949 年 5 月 3 日，東條英機、廣田弘毅、武藤章三人的妻子來到興亞觀音，對當時興亞觀音堂的住持伊丹忍禮（法華宗陣門流僧正，伊丹妙淨之父）說：這是相識的人的遺骨，想暫時藏在這裡。伊丹忍禮接受了遺骨。

在《舊金山和約》簽約後的 1959 年 4 月 19 日，遺骨被公開立碑埋葬，原首相吉田茂為此碑揮毫，寫上「七士之碑」四個字，並同時建立甲、乙、丙級 1068 名戰犯供養碑。

1971 年 12 月，日本左翼組織「東亞反日武裝戰線」來到伊豆山，用炸藥爆破興亞觀音像、「七士之碑」及「大東亞戰爭殉國刑死者一〇六八柱供養碑」。「七士之碑」被炸斷，興亞觀音像和「大東亞戰爭殉國刑死者一〇六八柱供養碑」因炸藥導火索短路免遭炸毀，後來興亞觀音有關的人士從德國進口石材黏結劑，將「七士之碑」修復。

現在興亞觀音堂裡除觀音像及所供養的牌位外，還有松井石

根的墨跡、遺物等。

「祭奠敵人」傳統的變質與日本侵略軍的殘酷

———————————

　　日本「祭奠敵人」的傳統，應該說是優秀的民族文化傳統，特別是日本武士社會以前的王朝文化的優秀傳統。但是在抗日戰爭中，這種傳統絲毫沒有阻止日本侵略軍的屠殺、掠奪、強姦與放火，他們在南京製造了慘絕人寰的大屠殺。有時，這種與武士及軍人「盡忠主君」的觀念結合在一起的生死觀，竟然助長了日本軍隊的兇殘。可以說，在抗日戰爭中，「祭奠敵人」、「死者即佛」的日本固有文化傳統，雖然在表面上還存在，但卻發生了最惡劣的變質。

　　「慈悲」與「覺醒」的觀念，是構成佛教「開悟者」的兩大特質。如果拋棄了「慈悲」這一佛教基本的實踐精神，而把「忠」作為最高的道德準則，那麼「死者即佛」的觀念反而會使人對最寶貴的生命產生輕視；一方面會對殺戮本身減少罪惡意識，一方面會輕視自己的生命，因為在他們看來，反正殺者也「成佛」，

被殺者也「成佛」，因此使殺人作惡變得毫無顧忌。這不需要外部的人們來證明，無數參加過二戰的日本老兵的回憶就充分證明了這一點。

1984 年，日本的出版社「鵬和出版」出版了親身參加過侵華戰爭的日本下級軍官村田和志郎的從軍日記，作者在軍隊裡冒着生命危險，記錄了當時日軍的行動。日記從盧溝橋事變後的 1937 年 9 月一直寫到 1940 年 4 月，詳盡記錄了侵華日軍虐殺、掠奪、凌辱女性等令人髮指的暴行。如，在記載 1937 年 12 月 11 日日軍在浙江湖州城外的軍事行動時作者寫道：

這裡是湖州城外，為了死守湖州城，敵人在湖州城外數里以外建立了最大的防守據點。道路兩旁的水田裡積滿了水，這裡是湖州城外郭第一線較為突出的陣地，有青年義勇隊和學生兵堅守陣地，這些青年們奮勇赴國難，但是在馳名九州的英勇無比的熊本師團的猛攻之下，他們紛紛敗退或成為俘虜。我軍將他們集中在三戶農家中，外側派兵包圍，然後放火燒殺，三百多名士兵一個摞一個倒下，其中勇敢的人企圖逃走，但馬上被包圍他們的日本兵擊斃。農家的周圍是一片竹林，很多俘虜被擊斃在竹林中。

在國際法上，對於戰時俘虜的待遇是有規定的。但是收容俘虜需要房子、食物和看守，因此在急於進攻的時候，容易導致兵力減少，使軍隊的戰鬥力受到意想不到的負面影響，使戰局處於不利狀態，使我方受到損害。出於這種擔心，擊斃俘虜

是戰場上的習慣。這種反人道的行為有時可能是不得已的，但是對包括義勇軍在內的軍事集團進行集體殺戮，是難以饒恕的冒天下之大不韙的大罪。[5]

據日本歷史學家秦郁彥的著作《南京事件》考證，屠殺俘虜，是日本的「上海派遣軍」和「中支那派遣軍」的不成文方針。捕獲俘虜的部隊如果向上級的司令部詢問如何處理俘虜，幾乎毫無例外都會下達「處理掉」的命令[6]。由此也導致了南京大屠殺中成千上萬屠殺俘虜，血流成河、天怒人怨的暴行。

秦郁彥還在書中引用了當時佔領南京的第十六師團經理部主計少尉小原立一於 1937 年 12 月 14 日的日記再現當時殘酷屠殺中國俘虜的事實：

> 聽說最前線的七名士兵捕獲了大約三百一十名正規軍，我們就去看。那裡什麼樣的傢伙都有。繳獲了他們的武器，並進行搜身檢查。這裡面有三個傢伙企圖逃走，馬上遭我軍槍殺。然後把他們一個一個拉到一百多米以外的地方，二百多個軍人全部被刺殺……其中還有一個女的，把她殺掉後在陰部插入木片。聽說還有兩千多人正在逃跑。有許多我軍士兵是在胸前掛着戰友的骨灰盒刺殺俘虜的。[7]

最近一些報道，也不斷證明日軍在二戰時期的殘酷行為。據英國《泰晤士報》2010 年 2 月 25 日報道，一位參加過二戰的日

本老兵牧野秋良（音譯），生前透露在 1945 年 3 月日本被擊敗前的四個月時間裡，年輕的牧野參與了日本在二戰期間最殘酷的人體實驗活動，殘害了大量被俘的囚徒。

2013 年 5 月 23 日，參加過二戰的 91 歲的日本老兵松本正義接受韓國媒體採訪時，揭露了日軍在太平洋戰爭期間強徵慰安婦的野蠻行為。

2006 年逝世的日本老兵東史郎，曾參與了 1938 年 12 月開始的南京大屠殺暴行，還曾參加過天津、上海、徐州、武漢、襄東等戰鬥和戰役。半個世紀後，東史郎幡然醒悟，站出來對南京大屠殺的事實進行反省和揭露。

對於「南京大屠殺」遇難者的具體數字，筆者沒有研究。但是僅根據日本上海派遣軍在 1937 年 12 月 29 日發表的戰報，僅從南京攻擊戰到南京陷落為止，中國軍隊留下的屍體達 84000 具之多，日軍戰死者僅 800 人，再加上非戰鬥員的死難者，究竟有多少中國人在這場侵略戰爭中遇難？而據 1942 年 10 月 24 日《朝日新聞》的報道，日軍「中支軍在紀念攻陷武漢四週年前夕，10 月 23 日發表了自攻陷武漢起到 1942 年 9 月在武漢方面取得的戰功，(中國軍隊) 留下屍體九十五萬餘，俘虜六萬四千餘」。

日軍在中國的國土上，用現代化的軍隊和現代化的武器，攻陷中國的首都，十萬、百萬計地殺害保衛祖國的中國弱小的軍隊的將士和民眾，這無論從哪個角度看，都是一種不可饒恕的犯罪。

另外，由於將「以死盡忠」等「武士道精神」鼓吹到極致，也使日本的軍隊輕視自己士兵的生命，這也有悖於日本王朝文化（武士社會以前的貴族文化）珍惜生命的生死觀。日本軍隊一貫把成為俘虜作為一種禁忌。1932 年，舉世聞名的「一・二八」上海淞滬抗日保衛戰爆發了，在會戰中，日軍第九師團第七聯隊大隊長空閒昇少校重傷昏迷後做了俘虜。中國十九路軍按照國際法準則，治好空閒少校的傷並把他釋放了。而空閒少校被「支那軍」俘虜，被日本軍隊看成是「皇軍」的一大恥辱，在重重壓力下，空閒少校只得自殺。

　　空閒少校死後，反而成為了日軍的榜樣，軍部大肆宣傳空閒昇的剖腹自殺符合武士道精神。此後在日軍中養成了一種默契，被俘又被送回來的人，必須自殺謝罪。而空閒昇自殺事件，在 1932 年日本拍成了名為《散去的大和櫻：空閒少校》的電影，極力讚美因為成為俘虜而自殺的行為。特別是在 1941 年，日本陸軍大臣東條英機簽署頒佈《戰中訓》，明文禁止軍人在戰爭中成為俘虜。

　　秦郁彥在《南京事件》一書中指出：

> 嚴禁成為俘虜的日本兵，不可能以寬大的胸懷對待敵國的俘虜，作為軍官也無法要求士兵這樣做，在上海和南京的苦戰之後，更是如此。

　　1945 年，在父島（現隸屬東京都小笠原群島中的一個島）發生了將美國空軍駕駛員俘虜後處死並吃了他的肉的獵奇事

件。戰後，在關島的軍事法庭上，參與此案的負責人、中將立花芳夫為首的當事者們被宣判死刑，因此案連坐的一名日軍大尉對來探望他的堀江芳孝少校說：「日本這個國家把成為俘虜的軍人視作國賊，難道這不是日本軍人殘酷對待外國俘虜的原因嗎？虐待俘虜，是全體日本國民的責任，讓個人來承擔這個罪責，難道不是錯誤的嗎⋯⋯我是充滿對國家的痛恨而死的」。[8]

據偽滿洲國國務總理張景惠的日本秘書松本益雄的手記，日本戰敗以後，張景惠曾說過：日本的軍隊是世界上最強的軍隊，但是日本軍人不知道戰爭的意義。戰爭只不過是國與國交涉的一個手段而已，因此在必敗的戰爭中打到五分、七分左右就要把戰爭停下來，這才稱得上會打仗。而日本軍人把戰爭和個人決鬥混同，不把對手徹底打倒就不肯停手，因此痛失自己的軍隊。[9]

在有關偽滿洲國的各種歷史記敍中，總是把張景惠說成是「草包」、「傀儡」，但是張景惠這話卻「一箭中的」。二戰時，日本軍人和軍隊在戰爭中犯的一個最大的錯誤，就是對「武士道」、對「神風」、對「特攻」的狂信。明知自己的國力和軍力在美國十倍以下，也要去捅美國這個「馬蜂窩」，膽大妄為去偷襲珍珠港，結果被美國逼入本土。就是這樣，日本軍人還要「像櫻花一樣美麗地散華」，鼓吹「一億玉碎」、「本土決戰」、「寧為玉碎，不為瓦全」。軍人們為了自己「武士道精神」的完成與「昇華」，

不惜讓一億日本國民和他們一起殉死。面對這些把戰爭和個人決鬥混同，把戰爭和「武士道精神」的完成和昇華混同的軍人們，裕仁天皇在 1945 年 8 月 10 日的御前會議上幾乎是含着眼淚說道：「我的任務，就是把從祖先那裡繼承下來的日本這個國家傳給子孫，我希望更多的日本人能夠活下去，哪怕多一個也好，我希望這些活下去的人們能再次站起來，只有這樣才能把日本傳給子孫……」但即使天皇把話說到這個份上，那些青年將校們還是發動了政變，殺死近衛師團師團長，欲奪天皇宣佈無條件投降的「玉音放送」。如果他們得逞，日本肯定是玉瓦皆碎，全國皆成焦土，所謂戰後的復興，只能變成一枕黃粱。

1946 年 11 月，美軍當局為了收集戰爭資料，對戰時的日本陸軍中將、航空本部次長河邊虎四郎進行審問。當問到日本組織「特攻隊」的問題時，河邊虎四郎說：特攻隊雖然是為了彌補駕駛員技術不足的一個手段，但是駕駛員都高高興興地為我們出擊，這裡完全不用擔心志願者不足的問題。我至今仍然堅信，我們有精神力量，盟軍方面有工業力量，各有優勢，因此能在同一水平上作戰。特攻隊員是光榮赴死，不是自殺。對此，美軍的審訊者說：在我們國家為國捐軀也是光榮的，可是我們在下達任務時一定要保證有 50% 以上的生還可能，這是我們的原則，低於這個可能時，我們絕對不下達任務。

日本作家新渡戶稻造在他的《武士道》一書中對「武士道」大加讚美，尤其對日本人在出征之前祈禱自己能夠在戰爭中戰死

感動不已。但是歷史證明，日本軍隊不是世界上最強的軍隊，美國軍隊才是世界上最強的軍隊。但是美國不僅不讓他的士兵去做「特攻肉彈」，而且特意為他們的駕駛員帶好幾十種語言的投降書，鼓勵他們在不得不投降時就去投降。

一個號召士兵去做肉彈，去做「人體魚雷」，去做「特攻隊」的軍隊，不值得士兵去為他們賣命——因為這樣的軍隊無論打出一片什麼樣的天地，一定是一個不尊重人的價值、不尊重生命價值的社會。

1945 年 9 月 2 日，盟軍在停泊於東京灣上的「密蘇里」號戰艦上舉行接受日本投降儀式。麥克‧阿瑟乘「尼加拉斯」驅逐艦到達「密蘇里」號戰艦上，據 2002 年 9 月 2 日《北京青年報》登載的〈史海鈎沉：57 年前的今天日本正式簽署投降協議書〉一文：「跟隨他的是在巴丹島被俘的美軍溫萊特將軍和在新加坡被俘的英軍伯西瓦爾將軍。他們曾被日軍關在中國瀋陽的監獄裡，日本投降後被盟軍的飛機接到東京。當麥克阿瑟在他下榻的飯店見到瘦骨嶙峋、行走艱難的溫萊特將軍時，他『一把抓住溫萊特的手，半攙半抱地摟住他的肩膀』。美國哥倫比亞廣播公司的記者威廉‧鄧恩後來回憶說：『我從未見過麥克阿瑟將軍表現出如此多的激情。』」

盟軍給了這兩位日軍的手下敗將以最高的榮譽，也許正是因為他們既懂得如何去戰勝，更懂得如何去戰敗，如何去珍視生命。

綜上所述，我們可以得出結論，那就是日本獨特的生死觀和日軍祭奠敵人的活動，在抗日戰爭中，在武士階級的生死觀的延長線上，發生了最惡劣的質變。首先，它徹底拋棄了王朝文化中「怨靈恐懼」、「死者即佛」的與現代人道主義息息相通的精神內涵，把「為忠而死」推向極端，只要一心「為忠而死」，一切殘虐行為都被視為「英雄壯舉」，「忠」凌駕在一切生命之上，包括敵國的軍人和民眾及日本軍人自己的生命。

　　第二，「死者即佛」成了日本軍人為自己的殘酷行為進行開脫的一種心靈麻醉劑，在他們看來，被害者也成佛，加害者也成佛，加害有時還成了一種對被害者的「拯救」。

　　曾在菲律賓內格羅斯島擔任日軍警備隊長的一名陸軍大校因下令屠殺俘虜在 1948 年被遠東軍事法庭判處死刑，他留下的辭世和歌中有一首是這樣寫的：

　　　　被害加害全沒有，佛光普照平等無。[10]

　　這首和歌生動體現了「被害者也成佛，加害者也成佛」的離奇生死觀，這是徹底地放棄了日本王朝文化對生命敬畏的「怨靈恐懼」的生死觀後的一種極度變形的生死觀。

「興亞觀音」的建立說明了什麼？

───────────

雖然松井石根和日本的許多研究者都認為他作為日本陸軍中的「中國通」,「對中國充滿了感情」,但是他卻積極主張攻佔南京。

松井出征之前,日本大本營在《關於派遣軍之奉敕命令》中向他下達的任務是:「掃蕩上海附近之敵軍,佔領其四方要地,保護上海僑民之生命。」這一命令將上海派遣軍的作戰範圍規限於上海周圍地區。因此,佔領上海,大本營既定的作戰目標已經達到。但是松井主張一直打到南京,認為「有必要一舉覆滅南京政府」。1937 年 8 月 19 日,在大本營沒有決定佔領上海後是否攻打南京的境況下,被任命為上海派遣軍總司令的松井石根從東京出發,來到東京站來為他送行的有首相近衛文麿、陸軍大臣杉山元,松井石根對近衛文麿說:「我是一定要打到南京的,這一點請首相諒解。」大有「將在外君命有所不受」的味道。上海陷落後,日軍參謀本部派河邊虎四郎課長來和松井聯絡。松井對他發誓說:「請放心,吾意已決,非打下南京來給你們看看!」11 月 15 日,他又向從東京來的參謀本部謀略課課長影佐禎昭和陸軍省軍務課課長柴山兼四郎面呈「進攻南京的必要」。11 月 19 日,各路日軍追擊撤退的中國軍隊,紛紛抵達大本營的戰略限制

線。第十軍部隊首先突破限制線，向西追擊。松井不僅未加制止，反而再次向大本營提出「向南京追擊有利」的意見。在松井的推動下，大本營經激烈辯論，最終決定全面推進中日戰爭。

而在東京審判中，有關他推動全面侵略中國的動機，他在法庭上是這樣陳述的：

> 原本日支兩國的鬥爭，是所謂「亞細亞一家人」中的兄弟之爭，不待言，日本當時依靠武力，救援在支那的日本人，維護陷入危機的日本的權益，實在出於不得已，恰如家兄一忍再忍，弟猶暴亂不已，於是兄敲打其弟，全非出於厭惡，而是愛之甚深，以此為手段促其反省，此乃吾長年之信念。此次受上海派兵之任，殊基於此信念，切望為日支紛爭之解決盡瘁。絕非希望此次派兵成日支兩國民間長久相互怨恨之因，而是期冀反成爾後兩國親善提攜之基礎。"

松井石根的這種觀點，可以說是一種典型的「殺戮即拯救」、「侵略即拯救」的觀點，是「被害加害全沒有，佛光普照平等無」這種觀念的進一步演進。在這種思想指導下，日本侵略軍肆無忌憚地殺戮，而沒有任何犯罪意識是理所當然的。一般的宗教中都有「罪與罰」的意識，這種「罪與罰」的意識規定：作惡的人在生前作惡，即使生前沒有受到懲罰，死後也一定會受到地獄之火的懲罰與拷問。但是在「被害加害全沒有，佛光普照平等無」和「殺戮即拯救」的觀念中，一切「罪與罰」的觀念都會消失得無

影無蹤，這使日軍肆無忌憚地打開了人性中最陰暗、最殘酷的「潘多拉的盒子」。

日軍佔領南京後，製造了慘絕人寰的大屠殺事件。在此後約六個星期的時間內，日軍官兵在南京城內肆無忌憚地燒殺淫掠，犯下了極端殘暴的反人道罪行。南京市民和放下武器的中國軍人被日軍用槍擊、刺殺、活埋、水溺、火燒等各種殘忍手段成千上萬地集體屠殺或零星殺戮，被日軍姦淫的婦女超過兩萬人。

在東京審判中，松井石根因對他所率領的侵華日軍犯罪沒有有效統治、有效制止，被裁定為乙級戰犯（甲級戰犯嫌疑部分，被判無罪），處以絞刑，於 1948 年 12 月 24 日凌晨被處刑。

12 月 9 日，他在與監獄裡的宗教教誨師花山信勝談話時說：

> 南京事件真讓人感到恥辱至極。南京入城後，在舉行祭奠儀式的時候，我說：支那的死者也一起祭奠吧！可是參謀長以下的人什麼都不懂，說什麼這樣會挫傷日本軍的士氣。以師團長為首，都幹了那種事情。我在日俄戰爭的時候，作為一名大尉從軍，南京事件中的師團長和那時的師團長根本沒法比。那時對支那人不待言，對俄國人在俘虜處理等方面，都處理得很好，這次卻不是這樣。政府當局可能不是不會這樣考慮的，但是無論從武士道還是從人道的立場出發，和當時（日俄戰爭）完全不一樣了。祭奠儀式之後，我把大家召集在一起，我非常生氣，我哭了。當時朝香宮 [12] 也在，柳川中將 [13] 也在。我說：本來是顯赫皇威的盛事，因為那些兵的暴行，一下子使名譽掃

地。可是在那以後，大家都笑了，更有甚者，有一個師團長還說：「那種事情是理所當然的」。因此如果因為我一個人落到這種結果，能促使當時的軍人們深刻地反省，哪怕是多有一個人反省，我也非常高興，正是如此，我希望就這樣往生。[14]

　　從各種資料看，松井石根在東京審判中並沒有否定侵華日軍存在着濫殺無辜、強姦、搶劫等暴行，他也多次下令嚴肅軍紀但是一個罪惡目的不會用善良的手段來完成，一場非正義的戰爭不能以正義的手段完成。參加佔領南京的日本第十六師團師團長中島今朝吾曾在日記中寫過這樣一件事，就是 1938 年 1 月 22 日，他曾去中支那方面軍司令部去見松井石根，松井和他談到他的部下搶劫民眾傢具等軍紀問題，中島立即反駁他說：「對傢具問題也如此小肚雞腸地抱怨，破國殺人的事都幹了，我們師團拿回去點傢具算得了什麼？」[15]而中島今朝吾就是在南京大屠殺中大量屠殺俘虜的劊子手。他曾在日記中寫道：「處理這七、八千人，需要相當大的壕溝，一時難以發現適當的地方，有一個方案是，把每 120 人分成一個小組後，分配適當的軍力把他們分別帶領到適當的地方然後處理。(已預訂)」[16]在當時日本佔領軍殺人如麻的情況下，松井強調所謂「軍紀」，只能是一種自嘲。

　　雖然日軍當局極力封鎖南京的消息，但是當時留在南京的外國記者，如美聯社記者葉茲‧麥克丹尼爾（C.Yates McDaniel）、《芝加哥每日新聞報》記者特洛簡‧斯提爾（Archibald Trojan

Steele）、《紐約時報》記者提爾曼‧杜丁（Frank Tillman Durdin，或譯蒂爾曼‧德丁）、派拉蒙新聞攝影社記者阿瑟‧孟肯（Arthur Menken，或譯門肯）等在南京淪陷時，都在南京，他們很快把南京的慘狀傳遍了世界。當時南京國際安全區的傳教士們，也不斷整理出日軍暴行的證據，向日本外交與軍事當局提出強烈抗議。南京的暴行引起了全世界的公憤，日本政府也不得不將這起天怒人怨的大屠殺的現地最高負責人松井召回日本。而回到日本後，也許那些他所知道的，包括可以說出來和不可以說出來的無數殘酷的事實，使他「以戰爭拯救日支親善」的荒謬邏輯徹底崩潰。1938 年 2 月 10 日，東京當局派使者來到南京，向他傳達撤銷他中支方面派遣軍總司令職務，回京待命的命令，而其現職由教育總監畑俊六接替。松井在那以後的 1938 年 2 月 14 日的日記中憮然寫道：「如此巨大之犧牲使吾頗感責任之重大，吾實難以將這次歸朝視為凱旋，大命如此又何以為之？痛恨至極。」[17]

回國之後，可能是罪的意識的復甦，也是他建立「興亞觀音」一個重要因素。

興亞觀音建成後，松井石根聘請新潟縣日蓮宗的僧侶、舊知伊丹忍禮做看護興亞觀音的「堂守」，伊丹忍禮曾講述過如下的事情：

在興亞觀音建成不久後的一天，松井像以往一樣來參拜，他突然發現興亞觀音的手臂沒有了，眼睛也閉上了。他以為是

遭到了侵入者的破壞，馬上報警。附近派出所的警察趕到這裡一看，興亞觀音像上沒有任何損傷，其實只有松井自己看到了觀音像的損傷，而且這樣的事情出現過二、三次。

　　也許是上海戰役和南京戰役使許多日本人和中國人傷亡，奪取許多尊貴的生命，而對此的自責之念，使松井看到了不可知的幻覺吧？苛責腐蝕着他的精神和肉體，使他產生幻覺。[18]

　　綜上所述，我們可以得出日本獨特的生死觀在武士階級的生死觀的延長線上，發生了最惡劣的質變，它不僅不能帶來日軍對自己殘酷行為的自制和反省，在特殊的情況下，還會助長對他人與自我的殘酷行為這一結論，儘管如此，我們也不能否認，對敵軍的祭奠，是日軍經常進行的一種活動，這在世界上的任何軍隊中都難以看到。松井石根建立興亞觀音的 1940 年 2 月，也是抗日戰爭最激烈的時期，在這樣的時期在自己的國家建立祭奠包括敵國將士在內的觀音像，是在日本以外的任何國家裡都不可能做到的，因此我們不得不承認這是一種獨特的生死觀使然。這種生死觀發軔於日本皇家與平安貴族「怨靈恐懼」的王朝文化，並被武士階級繼承，形成了「死者一如」、「死者即佛」的文化，這種文化看起來是承前啟後而渾然一體的，但卻又是日本文化的兩個完全不同的「極」。日本人在漫長的歷史中經常擺動於這兩極之間，當歷史的鐘擺擺向王朝文化，就體現出日本文化「菊與刀」的性格中「菊」的一面——優柔悱惻、纖細玲瓏、哀婉淒切，悲

憐生命;當時代的秒針指向武家文化,就會體現出其文化性格中「刀」的一面——勇猛暴戾、精忠不渝、知恥少仁,而當它擺動到日本侵略戰爭的極端文化意識之中時,還會體現出無比殘忍的性格。

註釋

1. 名越荒之助、拳骨拓史:《武士道之心》,財團法人防衛弘濟會出版(『武士道のこころ』、財團法人防衛弘濟會出版),2008 年,頁 137。

2. 新渡戶稻造著、山本博文譯:《現代語譯 武士道》(『現代語訳 武士道』),筑摩書房,2010 年,頁 50-51。

3. 周海濱:《我們的父親》,華文出版社,1995 年。

4. 回向:梵語 parinama,又作轉向、施向。《大乘義章》卷九云:「言回向者,回己善法有所趣向,故名回向。」即希望施自己之善根而期他者皆成佛果,或以自己所修之善根,為亡者祈禱冥福,以期亡者安息。

5. 村田和志郎:《日中戰爭日記》第一卷,鵬和出版(『日中戰爭日記』、鵬和出版),1984 年,頁 165-166。

6. 秦郁彥:《南京事件》,中央公論社(『南京事件』、中央公論社),1986 年,頁 194-195。

7. 同註 6 引書,頁 121。

8 同註 6 引書，頁 198。

9 太平洋戰爭研究會：《圖說滿洲帝國》（『図說　滿州帝国』），河山書房
新社，1996 年，頁 148。

10 早阪隆：《松井石根與南京事件的真實》，文藝春秋（『松井石根と南京
事件の真実』、文芸春秋），2011 年，頁 287。

11 同註 10 引書，頁 87。

12 朝香宮鳩彥王（1887-1981 年）：1906 年（明治三十九年）被明治天皇
賜與朝香宮的宮號。朝香宮鳩彥王是南京大屠殺的有爭議的責任人之
一，曾接替松井石根擔任上海派遣軍司令（1937 年 12 月到任），松井
石根升任中支那方面軍司令。有人認為實際指揮日軍進攻南京的是朝香
宮鳩彥，松井石根當時因病在蘇州未能親自視事，而朝香宮鳩彥因是皇
族，故此戰後並沒有被送上軍事法庭。有觀點認為松井雖然是南京大屠
殺主要責任人之一，但是他也替日本皇族作了替罪羊，承擔了別人的戰
爭罪責。

13 柳川平助（1879-1945 年）：日本長崎縣出身的日本陸軍軍人，最終階
級陸軍中將。二戰期間，柳川率領日軍所轄第十軍，進侵中國杭州灣、
上海、南京等華中地區。1940 年 12 月任第二次近衛內閣司法大臣，
1941 年 7 月繼任第三次近衛內閣國務大臣。1945 年初心臟病去世。

14 花山信勝：《和平的發現——巢鴨的生與死》（『平和の発見——巢鴨の
生と死』），百花苑出版社，1949 年，頁 240-241。

15 同註 6 引書，頁 181。

16 日本南京戰史編輯委員會編輯：《南京戰史資料集》，偕行社（『南京戰

史資料集』、偕行社），1989 年，頁 219–220。

17 同註 9 引書，頁 216。

18 同註 9 引書，頁 234。

第五章

中國人生死觀的迷津

伍子胥和顯宗天皇

伍子胥是春秋末期吳國大夫，名員，字子胥，本是楚國（今屬湖北監利）人。伍子胥之父伍奢為楚平王太子建的太傅（輔佐太子的老師），無忌為少傅（輔佐太子之臣，級別小於太傅）。楚平王命無忌為太子建娶妻於秦，因這位女子相貌特別姣好，無忌就跑去報告楚平王，說那女子是絕世美女，平王可拿來自己享用。平王聽了他的話，娶此秦女為妻，並生子名軫，然後又給太子娶另外的女子。而無忌因為以美女取悅了平王，得平王之寵，因此離開了太子去了平王那裡。無忌覺得自己得罪了太子，如果平王死了，太子即位，非殺了自己不可，又向平王進讒言使他疏遠太子，於是平王疏遠太子，令其去守邊疆城父（現安徽亳縣東南）。

不久，無忌又開始一天到晚在平王面前說太子建的壞話：「太子建因秦女的事，不能不懷有怨恨，希望國王有所防備，而自從他到邊疆後，領兵外交諸侯，似要入都作亂。」於是楚平王招來太子老師伍奢查問，伍奢知到無忌欲讒毀太子，因此說：「大王為何因為進讒言的小人而疏遠骨肉呢？」而無忌再進讒言說：「大王如不先發制人，怕要束手被擒了。」平王一氣之下囚禁了伍奢，並命城父司馬奮揚去殺太子。但奮揚先派人去到太子那裡告

密，使太子建聞訊後逃往宋國。

無忌這時又進讒言說：「伍奢有兩個兒子，都很能幹聰明，如不誅殺將成國家大患。」平王便派人告訴伍奢：「如果你把你的兩個兒子叫來，就讓你活，如果叫不來，你就死。」伍奢回答說：「大兒子尚為人仁慈，一定會來；小兒子員為人剛勇，能成大事，他知道來了將被擒，一定不來。」平王不信，使人去招兩子來，並威脅道：「來，你們父得生；不來，就殺了你們的父親。」

伍尚欲去，其弟員（子胥）勸他說：「楚王招我倆去，並不是想讓父親活下去，是怕我倆逃跑了將成後患，所以以父親為人質。如果前去，父子三人必同死，何不逃亡他國，借他國之力尋求復仇？」伍尚回答說：「我亦知此行並不能救父之命，但是父親招我，如為求生而不去，今後無法雪恥，會被天下恥笑。」又說：「你可以逃走，因為你有能力報殺父之仇，但我將赴死。」於是伍尚在使者面前束手就擒。使者要抓捕伍員，伍員拉開箭在弦上之弓，使者不敢近前，於是伍員逃跑。伍尚被捕後，伍員聽聞太子建在宋，故逃往宋追隨他。而伍尚到了楚都，便與父親同遭殺害。

伍員子胥從楚國輾轉逃到吳國，成為吳王闔閭重臣。公元前506年，伍子胥協同孫武帶兵攻入楚都，但是楚平王已死，伍子胥掘開楚平王墓，鞭屍三百，以報父兄之仇。

伍子胥在楚國時有個好朋友叫申包胥，吳軍攻楚時他躲進了

山中。但他們志向不合，一個要滅楚，一個保楚。申包胥知道了伍子胥的行為後，派人對伍子胥說：「你的報仇未免太過分！我聽人說，人多可勝天，但天定破人。你從前是平王臣子，你父親也在他手下做官，現在卻侮辱死人，這不是喪盡天良嗎？」伍子胥對來者答覆說：「替我跟申包胥道歉，說：我已經老了，日薄西山，但是路途仍遙遠，要做的事還很多，所以倒行逆施。」

而記下這段歷史的《史記》作者司馬遷對伍子胥評價頗高，他說：

> 怨毒之於人甚矣哉！王者尚不能行之於臣下，況同列乎！向令伍子胥從奢俱死，何異螻蟻。棄小義，雪大恥，名垂於後世，悲夫！方子胥窘於江上，道乞食，志豈嘗須臾忘郢邪？故隱忍就功名，非烈丈夫孰能致此哉？

對於伍子胥的這一行為，後人的評價一般都是正面的。明代作家、戲劇家馮夢龍在他的歷史演義《東周列國志》中，對伍子胥的這一行為做了更加戲劇化的描寫：

> 伍員訪知平王之墓，在東門外地方室丙莊蓼台湖，乃引本部兵往。但見平原衰草，湖水茫茫，並不知墓之所在，使人四下搜覓，亦無蹤影。伍員乃捶胸向天而號曰：「天乎，天乎！不令我報父兄之怨乎？」忽有老父至前，揖而問曰：「將軍欲得平王之塚何故？」員曰：「平王棄子奪媳，殺忠任佞，滅吾宗族，吾生不能加兵其頸，死亦當戮其屍，以報父兄於地

下！」老父曰：「平王自知多怨，恐人發掘其墓，故葬於湖中，將軍必欲得棺，須涸湖水而求之，乃可見也。」因登寮台，指示其處。

員使善沒之士，入水求之，於台東果得石槨。乃令軍士各負沙一囊，堆積墓旁，壅住流水。然後鑿開石槨，得一棺甚重，發之，內惟衣冠及精鐵數百斤而已。老叟曰：「此疑棺也，真棺尚在其下。」更去石板下層，果然有一棺。員令毀棺，拽出其屍，驗之，果楚平王之身也。用水銀殮過，膚肉不變。員一見其屍，怨氣沖天，手持九節銅鞭，鞭之三百，肉爛骨折，於是左足踐其腹，右手抉其目，數之曰：「汝生時枉有目珠，不辨忠佞，聽信讒言，殺吾父兄，豈不冤哉！」遂斷平王之頭，毀其衣衾棺木，同骸骨棄於原野。髯翁有贊云：

怨不可積，冤不可極。

極冤無君長，積怨無存歿。

匹夫逃死，僇及朽骨。

淚血灑鞭，怨氣昏日。孝意奪忠，家仇及國。

烈哉子胥，千古猶為之飲泣！'

日本的《古事記》中，有和伍子胥報父仇相類似的故事，但是其結果卻完全不同。日本古代的一個時期由弟弟繼承哥哥的皇位是皇位繼承的慣例，在日本第二十代天皇安康天皇即位（454年）以後，他的弟弟大泊瀨皇子擔心他的堂兄弟市邊押盤皇子和

他爭奪皇位，因此在和市邊押盤皇子一起狩獵的時候將其殺害，自己作為第二十一代天皇雄略天皇即位（457 年）。雄略天皇逝世後，他的兒子白髮大倭根子命作為第二十二代天皇清寧天皇即位（480 年），但是清寧天皇沒有結婚生子，他周圍的人們都擔心皇統是否能夠延續下去？

有一天，一個叫小楯的到播磨國（日本古代令制國之一，大約相當於現在的兵庫縣南部）出任長官。清寧天皇二年（481 年）11 月，當地的豪強為他接風。在宴會上，兩個豪強的使喚人在宴席上邊舞邊唱，唱詞中表示他們就是被雄略天皇殺害的市邊押盤皇子的兩個兒子——億計王（後來的仁賢天皇）和弘計王（後來的顯宗天皇）。清寧天皇聽說這個消息後，派敕使前往播磨國的明石迎接兩兄弟，翌年將二人迎入宮中，讓億計王做東宮王，立弘計王為太子。清寧天皇也為終於找到了皇家血脈而高興。

這年 5 月，清寧天皇駕崩，弘計王作為顯宗天皇登基。顯宗天皇即位以後，他們兄弟找到了埋葬父親的地方，為他修墓。然後他們想向殺害父親的兇手雄略天皇報仇，以慰父親之靈，但是雄略天皇那時已經死了，於是顯宗天皇想派人去破壞雄略天皇的墳墓。

這時億計王說：如此重大的事情豈能派別人去呢？讓我一個人去吧，保證按照天皇您所想的那樣去做。

顯宗天皇說：好吧。你就去吧。務必要像你所說的那樣去做。

億計王到了雄略天皇的陵前，只在陵墓的旁邊稍微挖了一點土，就回來了。

顯宗天皇覺得億計王回來得太快了，覺得可疑，就問他：你去毀陵毀得怎麼樣了？

億計王說：只把陵墓旁邊的土稍微翻了一下。

聽他這麼說，顯宗天皇很不高興，他說：如果要想為父親報仇，就應該把他的陵墓全部毀掉，你就翻了一點土那是怎麼回事？

億計王回答說：是這個道理。為了給父親報仇雪恨，想向大泊瀨（雄略）天皇之靈復仇，也是合情合理的。但是大泊瀨（雄略）天皇一方面是和我們有殺父之仇的不共戴天之人，但也是和我們有血緣關係的叔叔，還曾是統治天下的天皇。如果現在只重為父報仇之志，完全毀壞了曾治理天下之君的陵墓，後世的人們一定會誹謗並譏笑我們。但是父親之仇必報不可，因此只在陵墓的旁邊翻了一點土，以示其辱，以告後人，此乃足矣。

顯宗天皇感慨地說：你所做的合情合理，就按照你說的做吧。

顯宗天皇和伍子胥的不同做法，可以説揭示了中日文化在生死觀，尤其是對待死者的文化上的不同原點。這種不同的生死觀，在以後的歷史上變化不大。

杭州西湖西北角北山路西段北側有座岳王廟，是歷代紀念民族英雄岳飛的場所。岳王廟始建於南宋嘉定十四年（1221年），

明景泰年間改稱「忠烈廟」，經歷了元、明、清、民國時興時廢，一直保存到現在。岳飛是南宋初抗擊金兵的主要將領，被秦檜、張俊等人以「莫須有」罪名，陷害至死。岳飛遇害後，獄卒隗順冒着生命危險，背負岳飛遺體，越過城牆，草草葬於九曲叢祠旁。21 年後，宋孝宗下令給岳飛平反昭雪，隆重遷葬於棲霞嶺下，也就是現在岳墳的所在地。墓闕下有四個鐵鑄人像，反剪雙手綁縛，面墓而跪，他們是陷害岳飛的秦檜、秦檜之妻王氏、張俊、万俟卨四人。跪像背後墓闕上有楹云：「青山有幸埋忠骨，白鐵無辜鑄佞臣。」

中國現代史上的著名政治人物汪精衛在抗日戰爭期間宣稱「和平救國」，與日本合作在南京組建「中華民國國民政府」，在抗日戰爭勝利後被定性為「漢奸」，1944 年 11 月 10 日在日本逝世，11 月 12 日運回南京，葬在中山陵的旁邊、接近明孝陵的梅花山。抗戰勝利後的 1946 年 1 月 21 日，國民政府陸軍總司令何應欽奉命派工兵將汪墳炸毀，屍體被送往清涼山火葬場火化。1994 年，原汪墓所在的梅花山頂放置了一座汪的跪像，因被遊客吐痰便溺等變得污穢不堪，於 1997 年被移走。而 2004 年 11 月 8 日上午，在紹興市市區挖出一個汪兆銘跪像，上刻有「汪逆精衛」四字。

一般來說，在日本，由於「怨靈恐懼」和「死者即佛」的文化，無論生前做了什麼事情，一旦死去，就成神成佛。在日本人的文化心理中，死並不是「或重於泰山，或輕於鴻毛」的，死是

一種全方位的肯定，它賦予死者完全肯定的尊嚴。

　　反過來在中國，死是不能使所有的人變為「靈」或「神」的，死首先是鬼，是被活着的人厭惡的一種表現。而罪惡和仇恨，也不會因為死的降臨而結束。中國有一句差不多是絕頂的罵人的話——「掘你家的祖墳」，就是說要是恨你的話，是可以窮追猛打到你死了八百年的祖宗那裡去的。死在中國人的觀念中並不代表一個一律平等的值得尊敬的世界。

　　打開中國歷史書籍，無論是聖人還是奸雄；無論是三皇五帝還是良將佞臣，永不被唾罵的故人真是鳳毛麟角：孔子曾被罵作「妄圖復辟奴隸制」的「孔老二」；莊子的「無為」是「阿 Q 精神」；罵秦始皇是「暴君」也許並不冤枉，可刺殺秦始皇的荊軻也成了「拉歷史倒退的小丑」；秦檜也許是個合格的「賣國賊」，可岳飛也被封了個「地主階級的孝子賢孫」……洶洶唾罵如潮翻滾，湧進了死的世界，今世的英雄是明天的罪人。

　　而打開日本歷史書籍，卻極少有被唾罵和詛咒的人。這裡多是對人物與事件的記錄，少有指責和批判，少有罪人、惡棍、奸臣、暴君。即使是千秋功罪，後人往往也只是帶着敬意娓娓評說，也許這都緣於對死的世界和一切逝去的人平等的尊重和祝福吧？

祥林嫂恐懼的根源

　　傅偉勳（1933-1996 年）是著名華人哲學家、學者，曾先後在台灣大學、伊利諾伊大學、俄亥俄大學哲學系任教，並擔任過費城州立天普大學宗教學研究所教授，主持佛學與東亞思想博士班的研究工作。他對佛教、儒家、道家的哲學與思想都有深入的研究，尤其是對東方思想中的生死觀有精闢的見解和論述。他曾在〈我與淋巴腺癌搏鬥的生死體驗〉這篇文章裡說：

> 　　像俄國大文豪托爾斯泰一樣，我自幼小就很怕死。記得信仰淨土宗的母親，時常提起佛教地獄的可怕鏡頭，描寫業障深重的凡夫，死後如何經過閻羅的審判，而入地獄受種種難忍的苦痛。每每聽到這些，年幼無知的我就開始害怕起來，到了深夜常作噩夢，一些魔鬼在樓閣走廊追趕我，發現走投無路時，夢就醒了。[2]

　　可能過去的中國人，有這種體驗的人非常多。在魯迅的〈祥林嫂〉中，主人公祥林嫂由於前夫故去，嫁過兩個丈夫，她做工的魯鎮的柳媽對她說：

> 　　「……你和你的第二個男人過活不到兩年，倒落了一件大罪名。你想，你將來到陰司去，那兩個死鬼的男人還要爭，你

給了誰好呢？閻羅大王只好把你鋸開來，分給他們。我想，這真是……」

她臉上就顯出恐怖的神色來，這是在山村裡所未曾知道的。

「我想，你不如及早抵當。你到土地廟裡去捐一條門檻，當作你的替身，給千人踏，萬人跨，贖了這一世的罪名，免得死了去受苦。」

她當時並不回答什麼話，但大約非常苦悶了，第二天早上起來的時候，兩眼上便都圍着大黑圈。早飯之後，她便到鎮的西頭的土地廟裡去求捐門檻，廟祝起初執意不允許，直到她急得流淚，才勉強答應了。價目是大錢十二千。

……

快夠一年，她才從四嬸手裡支取了歷來積存的工錢，換算了十二元鷹洋，請假到鎮的西頭去。但不到一頓飯時候，她便回來，神氣很舒暢，眼光也分外有神，高興似的對四嬸說，自己已經在土地廟捐了門檻了。

冬至的祭祖時節，她做得更出力，看四嬸裝好祭品，和阿牛將桌子抬到堂屋中央，她便坦然的去拿酒杯和筷子。

「你放着罷，祥林嫂！」四嬸慌忙大聲說。

她像是受了炮烙似的縮手，臉色同時變作灰黑，也不再去取燭台，只是失神的站着。[3]

雖然中國和日本都是受佛教影響很深的國家，但是正像日本哲學家、文化學者梅原猛所指出的那樣：「佛教在日本，從苦的教義變成了無常的教義，在日本感情的形成方面發揮了重大作用。」⁴中國的佛教偏重地獄的觀念，而地獄觀念在日本被極度淡化，出現了不是閻羅等制裁死者，而是死者具有巨大能量的「怨靈恐懼」觀念，出現了只要「一心唯信佛語，不顧身命，決定依行」，一切「貧窮困乏、愚鈍下智、少聞少見、破戒無戒」之人，皆得往生的法然的宗教觀念、親鸞的「連善人都能成佛，更何況惡人」及「死者即佛」等宗教思想。

中國的地獄與日本的地獄

　　從原始宗教和佛教的結合形態來看，中日間也存在着很大的差距。

　　佛教傳來以前，在中國原有的宗教及民間信仰中，本來就存在着類似地獄的思想。所謂「地獄」，原意是「地中的牢獄」，被想像為死者因生前所犯的罪惡，死後遭受懲罰的地方。地獄的

觀念同時出現在古代東方的印度和西方的西亞，有人認為：其最初來源可能是位於兩者之間的伊朗高原。

在佛教中，「地獄」一詞，梵語原稱為 Niraja，音譯為「泥犁耶」或「泥犁」，本義是「無有」。唐代道世《法苑珠林》卷七〈地獄部〉云：「又名泥黎者，梵音，此名無有。」意即墮入地獄，只是受苦，沒有喜樂。

中國最早的輓歌，起源於漢代。確切地講，是從漢武帝開始的。西晉崔豹《古今注》卷中〈音樂第三〉中云：「〈薤露〉〈蒿里〉，泣喪歌也，本出田橫門人，橫自殺，門人傷之，為作悲歌。……至漢武帝時，李延年分為二曲，〈薤露〉送王公貴人；〈蒿里〉送士大夫庶人，使挽柩者歌之，亦謂之為輓歌。」

〈薤露〉的歌詞是：「薤上露，何易晞。薤露明朝更復落，人死一去何時歸？」〈蒿里〉的歌詞是：「蒿里誰家地？聚斂魂魄無賢愚。鬼伯一何相催促？人命不得少踟躕。」

據宋郭茂倩的《樂府詩集》卷二十七〈相和歌辭·相和曲〉，「蒿里」是位於泰山南部的山，而「鬼伯」相當於後來佛教觀念傳入之後的閻羅。就是說，在佛教傳來以前，中國就認為泰山中存在着死者死後赴往的地方——「地獄」。近代在東漢墓出土的「鎮墓券」中（當時的地券有兩種，一種屬於當時社會真實使用的土地買賣文書，稱「買地券」；一種是供埋葬用的模擬的土地買賣文書，稱「鎮墓券」），也有「生人屬西長安，死人屬東太（泰）山」、「生屬長安，死屬太（泰）山，死生異處，不得相防

（妨）」，「生人上就陽，死人下歸陰，生人上就高台，死人深自藏，生人南，死人北，生死各自異路」等等表述。[5]

掌管泰山的主神被稱作「泰山府君」，漢代敬稱太守（相當於現在的省長）為「府君」，太守原為巡察官名，東漢以後成為州郡最高軍政長官。因此可以說，當時的人們把現實中太守的官名用在了「掌管泰山的主神」身上。

佛教初傳時西域安世高（約 2 世紀）在將佛經《佛說分別善惡所起經》翻譯成漢語時就將佛教中的「地獄」翻譯成了「太山」：

> 佛在舍衛國祇洹阿難邠坻阿藍，時佛傷哀諸所有生死之類故，結出識微。分別善惡都有五道：人作善惡有多少，瞋恚有薄厚，天道無親，常與善人。何謂五道？一謂天道，二謂人道，三謂餓鬼道，四謂畜生道，五謂泥犁太山地獄道。

由此可見佛教中的地獄思想和中國傳統習俗中的地獄思想非常近似。

胡適先生晚年興奮地發現了泰山與地獄的關係，在《胡適之先生晚年談話錄》中 1961 年 9 月 14 日條下有如下記載：

> 我昨夜有個大發現，非常高興。我看《法苑珠林》這一部唐人的書，說泰山就是地獄。我初時還不敢相信。再翻《大藏經》裡的《六度集經》，說到泰山地獄的有好多處。我越看越有興趣，看到一點多鐘了，怕要打破我的自律，才放下

了。《六度集經》是三國時代譯的。那時民間已有死上泰山的迷信，所以譯者就利用這點譯泰山地獄，地獄泰山了。這個發現，我可以把「十閻王殿」裡的泰山王和泰山府君都連起來了。我特別高興。[6]

在東漢時代，泰山被看作是統治人們生死的泰山府所在，也成了道教信仰的中心地。道教的死後的世界，是基於這種地獄思想形成的。

佛教傳入中國後，和道教思想結合不斷本土化。在六朝時代，地獄的思想紛紜複雜，諸說林立，但是把地獄說成泰山的說法仍然很多。東晉竺曇無蘭《佛說自愛經》：「不孝其親，敬奉鬼妖，淫亂酒悖，就下賤之濁，以致危身滅族之禍，死人太山湯火之酷，長不獲人身。」三國時期僧人康僧會《六度集經》卷三〈佈施無極章〉云：「福盡罪來，下入太山、餓鬼、畜生。斯之謂苦。」，同時在「地獄組織」裡也衍化出與現世社會相對應的複雜的官僚體制，地獄王有時多達 30 多人。

而唐初編撰的集當時道教經典之大成的《道教義樞》，有關於「五道」的論述：

> 義曰：五道者，明善惡之雜報，示苦樂之差別，戒行是修，則受人天之果，罪緣不輟，仍為地獄之因，此其致也。一天道，二人道，三地獄道，四畜生道，五餓鬼道。

> 釋曰：一天道者，字一大也。道氣初應之曰一，一統億

兆，無所不包，故號一大。天以自然為義，言諸天皆果報自然也。二人道者，人者，仁人也，謂有仁愛；亦以統御為義，謂假人御陰陽也。三地獄道者，謂居在地下囚獄之中也。四畜生道者，謂為人所畜，亦是積惡招生也。五餓鬼道者，鬼，歸也，謂去生歸滅，無糧常餓也。亦有六道，即加鬼神道。又五道義例，自天道即三界四民等天，隨其果報輕重而生。諸天人道義者，圓首法天，足方象地，心懷二愛，謂之為人。地獄道者，按經有二種：一者北酆地獄。二者五嶽地獄，泰山二十四獄，霍山，西嶽，恆山，嵩高，此四獄。《正一經》云：天一地獄，皇天九平獄，青詔獄，有二十四大地獄，此並罪業不同，或有殊異。又五道果報義者，五戒生人，十戒生天。又善有二品，重者生天，輕者生人也。[7]

《道教義樞》有關「五道」的論述，和佛教的「五道」思想完全相同。

《道教義樞》十卷，為唐青溪道士孟安排編集。《正統道藏》收入太平部。《文苑英華》卷八百二十二陳子昂《荊州大崇福觀記》云：「道士孟安排者，玄稟真骨，登上階黃裳羽袂囊中……時龍集巳亥，聖曆之二年也。」（並見《湖北通志》卷九十六《金石志四》），講孟安排於武則天聖曆（698-699 年）年間盡力促成了大崇福觀的得名與修飾的事，這說明他大約活動於唐高宗和武周時代。

約在唐代中期，中國在民間信仰、道教、佛教的融合過程中，產生了十王（十殿閻羅）的思想。「十王」一詞最早出現於初唐藏傳《佛說十王經》中，勾勒出一個較為完整的地獄構造。今傳世二種《十王經》主要有二，一為《佛說地藏菩薩發心因緣十王經》，一為《佛說預修十王生七經》，兩本皆題為「成都府大聖慈恩寺沙門藏川述」。後來也產生了對「十王」進行解釋的諸種流派，如宋朝淡癡道人所著《玉曆寶鈔》，是在清朝廣為流傳的著名民間宗教善書，對中國民間的地獄、因果報應觀念影響頗大。

　　下面把「十王」大致總結如下：

　　十王依次為：一殿秦廣王（傳說是東漢的蔣子文）。人死之後，其「中陰身」於頭七之時到秦廣王處，點檢其生前造業以及家屬修齋功德。二殿初江王。至二七之時，渡過奈河橋，有翁婆二鬼刑虐亡魂。專司等活大地獄，即寒冰地獄。三殿：宋帝王（宋帝明王）。第三七時，被驅趕至第三殿宋帝王處，專司黑繩大地獄，感受冥途幽長，被惡貓、大蛇所嚙咬。第四殿：五官王呂（官明王）。至四七之時，進入第四殿五官王處，此處有稱量舍和勘錄舍，稱量舍有業秤，稱量亡人善惡輕重，將生前造業記錄在業簿上，專司眾合大地獄，即血池地獄。第五殿：閻羅王包（傳說是北宋的包拯）。至五七之時，進入第五殿為閻羅王國，國中又有業鏡，鑒照亡魂生前所行一切事蹟。閻羅王對照業鏡評判死者。第六殿：變成王畢，至六七之時，進到第六殿變成王處，專司大叫喚大地獄及枉死城。亡者親屬若為亡者修齋追薦，寫經造

像，亡者靈魂便可脫離苦海，進入天堂。第七殿：泰山王董（傳說是後漢的董極）。至七七之時，至第七殿太山王處，專司熱惱地獄，即幽冥地獄。亡者中陰身可回到陽世見親屬，交代為其寫經造像，因此有了七七四十九天還魂託夢之說。第八殿：平等王陸。百日時，經過第八殿平等王。專司鐵網阿鼻地獄。第九殿：都市王黃（傳說是五代的黃思樂）。死後一年經過第九殿都市王。專司大熱惱大地獄，即五嶽地獄。第十殿：轉輪王薛。為三週年忌，專司各殿解到鬼魂，區別善惡，核定等級，發往轉世。

「十王」思想，是在佛教傳入中國後，和道教思想融合而產生中國獨特的地獄思想。十王思想的核心是：死者在死後到陰間要接受審判，根據生前的善惡來決定來世轉生的場所與形態。而它的文化學功能在於「勸善懲惡」，並用生動和震撼人心的形態在民眾中普及。因此在中國民眾的觀念中，死並不是生的行為的終結，而是這種行為在因果關係鏈條上的繼續，在人世間所犯下的罪惡，死後必須接受審判。

「十王」思想傳入日本後，經過本土化產生了「十三佛」的觀念，在日本室町時代作為民間信仰廣泛流傳。當時的日本佛教以十三佛菩薩配列於初七日至三十三回忌之忌日，即：初七日為不動明王，現於冥途時名為秦廣王；二七日為釋迦如來，在冥界稱初江王；三七日為文殊菩薩，在冥界稱宋帝王；四七日為普賢菩薩，在地獄成五官王；五七日為地藏菩薩，在冥界成閻羅王；六七日為彌勒菩薩，在冥界現變成王；七七日為藥師如來，在冥

途變泰山王；百日為觀世音菩薩，在冥途變平等王；一週忌為勢至菩薩，冥途變都市王；三回忌（三週年）為阿彌陀如來，冥途變五道轉輪王；七回忌為阿閦如來，在冥界變蓮華王；十三回忌為大日如來，在冥界變祇園王；三十三回忌為虛空藏菩薩，在冥界變法界王。

「十三佛」中前十王和中國的十王相同，加上了蓮華王阿閦如來、祇園王大日如來、法界王虛空藏菩薩，這是日本根據「本地垂跡」說所添加的。所謂「本地垂跡」在佛教中原指佛菩薩為救度眾生，將自己之實身化為多個分身，垂世以度眾生。實身為本地，分身為垂跡。在日本則指日本的八百萬神都是佛菩薩的「垂跡」，而後三王是在日本垂跡的三王。

然而中國的「十王」思想，在日本卻演變出「死者即佛」觀念，這個轉變是十分耐人尋味的。

日本在佛教傳來之前具有代表性的宗教是神道，而在原始神道中，不僅沒有中國那樣的地獄觀念，而且「罪」的觀念也很少。日本著名的民俗學家折口信夫在戰後不久發表的講演中說：

> 神道只考慮非常光明、圓滿的美好的事情，一點煩惱也沒有。如果讀《古事記》和《日本書紀》，古代人苦痛雖然一定要到來，但是日本人並不想將此作為一種自己的痛苦生活。神道和其他宗教的不同點在於神道中沒有罪障觀念。近年在神道的一些宗派中對這一點也給予一定的認同，但是這種認同還是非常不夠的。在《古事記》中，素盞鳴尊雖然犯下了罪惡，但

是《古事記》對此進行洋溢着敍事詩情調的描寫，因此少有宗教意義上的罪惡觀念。他所犯下的罪惡就是盡其所有也難以補償，使他終於被流放了。但是他在出雲得到了寶劍，並將寶劍獻給了天照大神，使他得以贖罪。這些故事使我們感到素盞鳴尊被極端地單純化，而且讓人感到滑稽，這正是因為神道裡缺少罪障觀念。[8]

沒有罪障意識的日本傳統宗教——神道，在遇到以「罪惡」為起因、以「地獄」為中心內涵、以「審判」為主旨和目的的「十王」思想並與其融合以後，使「十王」思想發生了一種根本的變化與飛躍。

日本學者奈良康明説：

日本古來的靈魂觀認為：人剛死是其靈魂是「死者靈」，也就是所謂的「荒靈」。「荒靈」由於不安定，有作祟之虞，但是通過親屬們進行的葬祭儀式，漸漸被淨化，終於變成了「御靈」，也就是失去了個性的「祖先靈」。隨着佛教的傳入，日本的死後觀與印度、中國的死後觀融合。如「中有」的觀念（在印度的輪迴觀念中，從死後到再生之間的狀態叫「中有」，共四十九天）適合日本的「荒靈」的觀念，也成了日本「中陰法事」的基礎，而中國的十王思想和十三佛思想與按照逝世的年數祭奠死者法事結合所舉行的「三十三回忌」和「五十回忌」等，也都是這些觀念融合的產物。[9]

地獄的思想，起源於「罪」的意識。在《聖經》中，上帝創造了亞當、夏娃，在東方的伊甸，為亞當和夏娃造了一個樂園。亞當和夏娃赤裸着美麗的身體、品嘗着鮮美的果實，他們或悠然散步，或恬然仰臥，他們自由自在地給各種動植物起了各種名字、走獸、飛鳥、鮮花、野果、草木。

　　但是他們受到了撒旦變成的蛇的誘惑，偷吃不被允許去吃的禁果，兩顆果子注入了混沌未開的兩顆心，他們的眼睛明亮了，他們知道羞恥了，他們的精神有明晰的分辨能力了。他們開始分辨物我，產生了「自我」的概念，他們無比沮喪地發現，自己赤裸着身體，是羞恥的事情。於是他們用無花果的葉子為自己編織了裙子，來掩飾下體。

　　偷吃禁果在本質上是「自我」概念的產生，是一種「對象化」的開始。羅馬書第三章 23 節說：「因為世人都犯了罪，虧缺了神的榮耀」，而「虧缺」本身意味這虧缺部分的分離。人被創造的時候最寶貴的是和上帝同在。人犯了罪，不能和上帝同在了，與上帝的分離，就是罪本身。

　　而「分離」本身，來源於「對象化」。亞當和夏娃產生了「自我」的概念，他們用無花果的葉子為自己編織了裙子，來掩飾下體。就是把原本一體化的相互關係，將互為對方身體和意識的一部分的對方對象化為他人，同時也把原本屬於他們「無機的身體」的一部分——自然，對象化為與自己分離的陌生的存在，轉化為需要自己去重新認知與征服的對象。對象化造成了兩重性，人

類創造了一個屬於他的世界，讓眼前呈現了一幅被他對象化、敵對化和被征服了的自然及同類，他為他征服者的力和美而歡呼。然而與此同時，他感到了「和諧」這一動物的生存特徵的消失，感到了被逐出自然的樂園的「與眾不同」的孤苦，被征服的自然與同類的傷痛也將一種他們自身的缺失映現在他們眼前：

> 沒有人是自在的、與世隔絕的孤島，
>
> 每一個人都是大陸的一部分。
>
> 如果一塊岩石被海浪沖掉走，
>
> 歐洲就會減少，
>
> 就像海岬失去一角，
>
> 每個人的死亡都是你的朋友或你自己的缺失，
>
> 都是我的哀痛，
>
> 因為我是人類的一員。
>
> 不要問喪鐘為誰而鳴，
>
> 它就為你而鳴！[10]

這使他們感到了自身的分裂，當他們向自己詢問這種分裂的原因時就深化了由於「對象化」產生的「罪」的意識。他成了流浪漢（典型形象有：奧德修斯、俄底浦斯、亞伯拉罕、浮士德、洛根丁、特蘭、莫索爾），他被迫前進，不倦地填充自己的知識空白，不斷說明「我是誰」這個千古疑團，說明自己存在的意義。他被驅策着去克服這一內在的分裂，他渴望「絕對」，渴望

融合，渴望皈依，渴望一種能消除使他與自然、與同伴、與自身分裂的禍根的和諧，並為此殫精竭慮。

這種以原罪為起點的一神教精神，出自一個敘利亞團體，也就是希伯萊遊牧民族的以色列拓荒者。他們受到人口大遷移的壓迫，撤入了以法蓮和猶太山空蕪的山區。這是一片土質磽薄的山區，一直到公元前十四世紀左右，甚至還晚些，都還是無人居住的。一直到埃及的新王國衰落，出現了一個間歇時期以後，希伯萊遊牧民族的前哨才逐漸從阿拉伯的北部草原流入了敘利亞的邊緣地區，到這裡定居。在林草不生的高地上，從貧瘠而多石的土地中，種出一丁點食物，他們四面受敵，經常是絕處逢生。正如《聖經·出埃及記》中所描寫的那樣，但是他們不僅在這片貧瘠的土地創造了自己的家園，而且也鍛造出了人類偉大的精神寶藏——一神教精神。

在這種人與自然、人與人的卓絕鬥爭中發展起來的西方文化，是一種垂直取向的文化意識，正像巴比倫塔一樣，力圖遠離自然無限升騰而又征服自然萬物，它強調與自然萬物的鬥爭和事物的可分性。

然後也正像巴比倫塔所包含的悲劇性隱喻一樣，當時人類聯合起來興建希望能通往天堂的高塔，為了阻止人類的計劃，上帝讓人類說不同的語言，使人類相互之間不能溝通，計劃因此失敗，人類自此各散東西。人類征服自然萬物的野心造成了人類與自然一體化的喪失及對象化即分離。這種分離本身就是「罪」的

起源。而人類的終極目標，是這種分離的揚棄與消解——「作為完成了自然主義，等於人本主義；而作為完成了的人本主義，等於自然主義；它是人和自然界之間、人和人之間矛盾的真正解決，是存在和本質、對象化和自我確證、自由和必然、個體和類之間的鬥爭的真正解決。它是歷史之謎的解答，而且它知道它就是這種解答。」[11]

　　而從中國文化來看，中國也存在這種與西方文化同源的「地獄思想」的土壤。

　　從地理環境看，中國文化主要誕生在兩河流域，黃河和長江共同哺育了中華文明。黃河和長江是孕育中國農業文化的搖籃，同時治水也歷來是人與自然卓絕搏鬥的主題。大禹治水的傳說就生動地講述了這個主題，那時中國的洪水氾濫應該不亞於《聖經·出亞諾方舟》所描寫的情形。大禹「身執耒鍤，以民為先，抑洪水十三年，三過家門而不入」，終於出現了「九州既疏，九澤既灑，諸夏艾安」（《史記·河渠書》）。中國地域遼闊，存在着不同的地形地貌，有魚米之鄉，也有磽薄貧瘠的鹽碱地。因此中國古來既有「人定勝天」和「愚公移山」的垂直取向的文化意識，也有對於這種意識進行反省的「天人合一」的水平取向的文化意識。同時中國是大陸國家，四面與異邦接壤，而且北方的遊牧民族經常具有強大的軍事實力。作為以農耕文明為生活基礎的中原人，在體力和武力上往往弱於周邊的遊牧民族，因此「敵」的意識在中國各族群中從古至今一直比較強烈。「敵」的意識和

「罪」的意識都源於對象化，是對象化的不同階段的延伸。當人產生對象化意識，就有了他者的意識，對他者的警戒，構成「敵」的意識；而對他者的侵犯，有時會喚醒「同類意識」的覺醒，產生類似於「敵人的喪鐘也為自己而鳴」的恐懼與懺悔的意識，也就是「罪」的意識。

因此可以說，中國的宗教與西方的一神教存在着文化上的同構與結合點：既有比較強烈對象化意識、他者意識和「敵」的意識，也有對與此同源的反省意義上的「罪」的意識。

而從日本文化上看，則有與一神教的西方文化及中國文化不同的特點。我們前面說過，日本是亞洲東部太平洋上的一個群島國家，四面臨海，除東北部海岸外，均被來自熱帶太平洋的暖流環繞，氣候受到海洋的調節，形成較為溫和、濕潤的海洋性季風氣候，比大陸同緯度地區溫暖，降水豐富。對於農耕文化而言，日本的地理環境是得天獨厚的，僅植物的種類就比歐洲多十倍以上。

而日本的「稻作」，屬於稻作北限，其特點，是受自然變化的絕對支配，如果季節變化稍有不和，就會嚴重影響收穫。因此，必須在花開花落、風吹草動、鳥唱蟲鳴中，掌握季節變化微妙的先兆。

當然日本的自然災難也是很多，但是往往難以預測和難以抵抗的，如果說中國的主要災難多是能夠通過「大禹治水」等古代人類的活動改善和治理的災難的話，那麼日本的自然災害則是多

數古代人類束手無策、無能為力的超巨大災難（如多發的地震與火山爆發）。這種「豐饒的饋贈」和「人力無法抗拒的災害」的二重變奏，使日本對自然萬物充滿敬畏，把萬事萬物都稱為「神」，並力圖與其一體化。

因此，古代日本人比西方人，甚至比中國人更崇尚自然，他們相信從自然中得到的感知而不太相信按照人的意志排列出的自然的邏輯。日本學者清水幾太郎說：「日本所謂的文化，是建立在對文化和人為的根本不信任的基礎上的，是建立在擔心失去與自然的同質性的恐懼的基礎上的。」[12]

另外，日本是個島國，四面環海，近代以前一直少有外族侵擾，蒙古的兩次大規模入侵也由於海風宣告破產，因此日本人沒有西方人和中國人那麼強烈的「空間恐懼」和「敵人意識」。當然日本歷史上內部的紛爭並不少見，但是每次紛爭結束後都會通過「怨靈祭奠」和「死者即佛」的文化儀式發出和解的信號，並在「萬世一系」的天皇的擬家族旗幟下呼籲重新一體化，使「敵」的意識淡化，並使「敵」的意識在內化為「罪」的意識之前消解。

可以說，日本的文明從開始就一直避免將自己從自然、從集團一體性中對象化出來，拒絕自己和自然之間的他者意識，並不斷修補和完善作為單一民族的一體化感覺。

梅原猛在分析《古今集》的美學與文化的特色時指出：

    當可能性難以變為現實性的時候，他（指《古今集》的詩人）不在外在的敵對力量中尋找原因，也不認為這是自己的

無能為力，而是一心把它看作是無常的命運。也許，那有着濃重悲哀的日本感情原型，就是這樣被創造出來的。在人們意識到可能性和現實性的矛盾，而可能性又被現實性壓倒的時候，如果從外在的敵對者那裡尋找這種狀態的原因，就會產生憤怒的感情，如果認為這種狀態是由於自己的無能為力，就會產生「罪」的感情，而《古今集》的詩人們，寧願把這看作是命運的無常。[13]

由於「罪」的意識的欠缺，地獄思想也在日本被不斷淡化。地獄思想主要在日本的天台宗和淨土中傳播，並在其代表人物為源信（942-1017 年，平安中期僧人）、法然和親鸞中承先啟後，而地獄思想在日本的承傳過程，就是「審判」和「懲罰」為核心的地獄思想不斷淡化，變成通過手段越來越簡單，針對對象越來越寬泛的以「審判」和「拯救」為核心的思想。

源信首先認為人世間是無常的，人的生命的流轉比從山上滾下來的木頭還要快，並難以逃脫六道輪迴，但是人只要訓練自己的想像力，行走坐臥時眼前不斷浮現極樂淨土，就可以擺脫六道之苦，到達極樂淨土。如此想像如果比較難做到，可以將意念集中在佛的眉間的「白毫相」，也可以到達淨土。「白毫相」即如來和菩薩眉間所生白毛之相。據《法華經》卷一序品載，佛眉間白毫相放光，照東方萬八千世界，靡不周遍。是知佛眉間之白毫相柔軟清淨，宛轉右旋，發放光明。

而鎌倉時代初期日本淨土宗開山祖師法然上人（1133-1212年）所傳淨土宗，強調只要能專誠稱唸阿彌陀佛的名號便能消災轉福，往生西方極樂世界。而法然的弟子，日本鎌倉時代佛教淨土真宗創始人親鸞（1173-1262年），提出著名的「惡人正機」之說，他說：「連善人都能成佛，更何況惡人。」

梅原猛針對親鸞「信」的說教指出：「這真是奇妙的說教，地獄和極樂是我們將要赴往的兩個地方，可以，在這裡，地獄消失了，阿彌陀佛是要把無論犯下了怎樣的罪惡的人都拯救出來的絕對慈悲的佛，只要有這樣的佛在，我們為什麼要下地獄？」[14]

尤其是將中國的十王配上日本獨特的十三佛，更使中國地獄思想的核心——審判與懲罰，變成了對死的世界的全方位拯救。

從下面的列表中我們可以看到中國的十王思想在日本富有象徵意義的變化。

日本的十三佛	中國的十王及日本添加的三王	審理期間
不動明王：切斷亡者對世間的迷戀，為亡者引路。	**秦廣王**：點檢亡者生前造業以及家屬修齋功德。	初七日（六日後，第七日）
釋伽如來：說無常之理，除袪不安。	**初江王**：有翁婆二鬼刑虐亡魂。專司等活大地獄，即寒冰地獄。	二七日（十三日後，第十四日）
文殊菩薩：講說釋迦之智慧。	**宋帝王**（宋帝明王）：專司黑繩大地獄，亡者感受冥途幽長，被惡貓、大蛇所嚙咬。	三七日（二十日後，第二十一日）

普賢菩薩：講説如何運用文殊菩薩之智慧。	**五官王呂**（官明王）：稱量亡人善惡輕重，將生前造業記錄在業簿上，專司眾合大地獄，即血池地獄。	四七日（二十七日後，第二十八日）
地藏菩薩：在閻羅審判亡者之際，對亡者進行拯救。	**閻羅王包**（傳説是北宋的包拯）：鑒照亡魂生前所行一切事蹟。閻羅王對照業鏡評判死者。	五七日（三十四日後，第三十五日）
彌勒菩薩：作為第二釋迦，繼續説法。	**變成王畢**：專司大叫喚大地獄及枉死城。	六七日（四十一日後，第四十二日）
藥師如來：滿中陰，授予亡者新的身體。	**泰山王董**（傳説是後漢的董極）：專司熱惱地獄，即幽冥地獄。	七七日（四十八日後，第四十九日）
觀音菩薩：作為阿彌陀的側侍，將亡者撈到蓮花台上。	**平等王陸**：專司鐵網阿鼻地獄。	百日（九十九日後，第一百日）
勢至菩薩：作為阿彌陀的側侍，為亡者引路。	**都市王黃**（傳説是五代的黃思樂）：專司大熱惱大地獄，即五嶽地獄。	一周忌（一年後，第二年開始）
阿彌陀如來：極樂教主，教化亡者。	**轉輪王薛**：專司各殿解到鬼魂，區別善惡，核定等級，發往轉世。	三回忌（二年後，第三年開始）
阿閦如來：面向嶄新的生命，向死者授予金剛志（堅定的志向）。	**蓮花王**	七回忌（六年後，第七年開始）
大日如來：宇宙的根本教主，呵護一切眾生。	**祇園王**	十三回忌（十二年後，第十三年開始）
虛空藏菩薩：授予安寧，讓死者得到完成的人格，成為菩薩。	**法界王**	三十三回忌（三十二年後，三十三年開始）

奈良靈山寺是當地十三佛靈場之一。

在日本，十三佛信仰盛行，人們認為，參拜十三佛，不僅可以為亡者祈禱冥福，而且還可以使自己積善，死後可以從地獄的審判中得到拯救。日本現在有許多十三佛靈場。如奈良縣有「大和十三佛靈場」，神奈川縣鎌倉市有「鎌倉十三佛靈場」，京都有「京都十三佛靈場」，北海道有「北海道十三佛靈場」。在日本，可以說「十三佛靈場」多得不勝枚舉。

日本的怨靈和中國的厲鬼

日本的所謂「怨靈」，翻譯成中文應該是「厲鬼」，但是厲鬼在中國的待遇遠不如怨靈在日本。

首先中國人和日本人都使用「鬼」這個漢字，但究其意義，卻是很不相同的。在中國語中，鬼首先是指死人的亡靈，其次才是指妖怪一類害人的東西。《說文解字》曰：「人所歸為鬼。」郭向註曰：「古者謂死人為歸人。」《正字通》曰：「人死魂魄為鬼，凡人具有陰陽之氣成形，陰陽散而人死，初死前陰已絕，後陰未來，謂之中陰，通謂之鬼。」而在日本，「鬼」的概念雖然隨着

時代的變化有所變化，但卻很少像中國那樣，用來指稱死人的亡靈。在日本，鬼首先是一種隱形物（《和名抄》）。在上古的《出雲國風土記》中，鬼是一種獨眼的，專吃在田間勞動的農民的可怕妖怪。後來受佛教和陰陽道的影響，鬼一般是指人形、牛角、虎皮裙、虎牙的怪物。

日本人之所以不習慣於用「鬼」來指稱亡靈，因為日本人非常尊重死亡，非常尊重死者。在日本的習慣中，死人一般被稱作「靈」，也就是說，不論生前做了什麼事，死了之後就成了神。進入了死的世界的人，他的一切罪過都將消失，一切仇恨都將化解，獻給死人的只能是跪拜與冥福的祝願。

而厲鬼在中國是指死時含恨，怨氣太重，冤仇不得伸張，便無法轉生，因此會化做厲鬼，在陰司路等着自己的仇人下來進行報復，或來到陽間直接報仇。

關於厲鬼，中國的典籍中一直有所提及，《左傳‧昭公七年》中云：「今夢黃熊入於寢門，其何厲鬼也？」唐韓愈《柳州羅池廟碑》記：「福我兮壽我，驅厲鬼兮山之左。」明王世貞《鳴鳳記‧燈前修本》記：「想是我忠魂遊蕩，到死時也做個厲鬼癲狂。」《東周列國志》第二回中寫道：「召虎[15] 私謂伯陽父[16] 曰：『前童謠之語，吾曾說過恐有弓矢之變。今王親見厲鬼操朱弓赤矢射之，以致病篤。其兆已應，王必不起。』」

清代小說家蒲松齡創作的著名文言短篇小說集《聊齋誌異》中也描繪了很多厲鬼的故事。

蒲松齡在《聊齋誌異》中說：「集腋為裘，妄續幽冥之錄；浮白載筆，僅成孤憤之書。寄託如此，亦足悲矣！」因為他「妄續幽冥之錄」，因此這部小說就是一部狐仙鬼怪故事集，其中也不乏「厲鬼復仇」的故事。

　　如《聊齋誌異》中的「竇女」，就是講述一個十五、六歲的少女，被世家男子南三復發誓要娶她為妻的甜言蜜語欺騙，使她抱着美好的幻想陷於愛河，奉獻了她處女的貞潔，繼而懷孕。可是沒想到南三復是個口蜜腹劍之輩，認為「農家女豈堪匹偶」，欲娶一個「貌美財豐」的「大家」之女為妻。而且南三復面對竇女結為婚姻的催促，從此「絕跡不往」，拋棄了竇女。竇女走投無路，抱着初生的嬰兒於南府長夜「倚戶悲啼」，天明時「抱兒坐僵」，死在了南家大門口。

　　死後她化為厲鬼，對南三復進行了報復。她先是捉弄了南三復娶的「大家之女」，令她自縊，南三復無奈「遠於百里外聘曹進士女」，而竇女又借皇家選嬪之機，將死去不久的姚孝廉女兒的屍體假冒曹進士的女兒送進南家，使南三復以「發塚見屍」被論死罪。

　　在中國民間信仰中，認為女性未出嫁而亡者，或因各種意外、被害含冤過世者，會成為厲鬼，將因無法安息而到人間做祟，進行報復或尋求香火供養。人們對此等厲鬼深感畏懼，因此有時會由國家或社會為其主持祭祀，藉由統一安葬、祭祀，安撫亡靈。祭無祀鬼神的壇，被稱為「厲壇」、「義塚」等。《明史·

禮志四》云：「厲壇：泰厲壇祭無祀鬼神。宋胡安國（1074-1138年）撰《春秋傳》曰：『鬼有所歸，乃不為厲』，此其義也。《祭法》，王祭泰厲，諸侯祭公厲，大夫祭族厲……洪武三年定制，京都祭泰厲，設壇玄武湖中，歲以清明及十月朔日遣官致祭。」清黃遵憲《都督僉事瑞巖萬公墓表》中云：「新敗之後，走死者載道。公即斂骨埋之，設厲壇以祀。」

但是歷代君主面對厲鬼信仰各有不同，時而由國家、朝廷建立安置厲壇；時而又視為「淫祀」、「淫祠」加以壓制、禁止甚至毀壞。唐代著名清官狄仁傑也曾以毀「淫祀」、「淫祠」著稱。

何謂「淫祠」或「淫祀」？《禮記・曲禮下》說：「非其所祭而祭之，名曰淫祀。淫祀無福。」唐人趙璘說：「若妖神淫祀，無名而設，苟有識者，固當遠之。雖岳海鎮瀆[17]，名山大川，帝王先賢，不當所立之處，不在典籍，則淫祀也。」

狄仁傑（607-700年），為唐朝武周時的著名宰相，他剛正廉明，執法不阿，不畏權勢，以身護法。為中國古代清官能吏之典型。在狄仁傑通過明經科考試及第，出任汴州判佐時，被佞吏誣告。當時著名畫家、工部尚書閻立本為河南道黜陟使[18]，受理訊問狄仁傑，他不僅弄清了事情的真相，而且發現狄仁傑是一個德才兼備的難得人物，謂之「河曲之明珠，東南之遺寶」，推薦狄仁傑作了并州都督府法曹。唐高宗儀鳳年間（676-679年），狄仁傑升任大理丞，一年中判決了大量的積壓案件，涉及 1.7 萬人，無冤訴者，一時名聲大振，成為朝野推崇備至的斷案如神、

摘奸除惡的大清官。

唐朝立國未久，曾詔令：「民間不得妄立妖祠。」[19]而狄仁傑也以毀「淫祠」或「淫祀」著稱。

《新唐書‧狄仁傑傳》：「吳楚俗多淫祠，仁傑一禁止，凡毀千七百房，止留夏禹、吳太伯、季札、伍員四祠而已。」就是狄仁傑針對當時吳、楚多淫祠的弊俗，奏請焚燬祠廟一千七百餘所，唯留大禹、吳太伯、季札、伍員四祠。

據說垂拱四年（688年），狄仁傑為江南巡撫使，當時吳楚兩地風俗是逢年過節喜歡祭祀各種不被官方承認的神鬼魔怪，各地竟有這樣的祠廟一千七百多所，其中還有祭祀與劉邦爭奪天下，公元前202年兵敗，在垓下（今安徽靈壁南）烏江邊別姬自刎，神勇無二的霸王項羽的「楚王廟」，這樣的人如果在日本一定會被奉為千古怨靈而香火不斷，而當時吳人也都出於敬畏而對其十分信奉。

但是狄仁傑到了以後，先寫了質問的檄文《檄告西楚霸王文》，責罵項羽喪失江東八千子弟性命還想坐享祭祀，然後把祠廟燒掉了。當時和楚王廟一起被毀掉的還有夫差、勾踐、春申君、趙佗、馬援等人的祠廟，只有祭祀大禹、吳太伯、季札和伍子胥的祠廟保留了下來。

在這些人裡，其國為越國所滅，自刎身亡的夫差和被刺客暗殺的楚相春申君若在日本都屬「怨靈」之類，在日本必享萬年香火。

此外，長慶三年（823 年）11 月，晚唐名相李德裕以浙西觀察使的身份禁除管內「淫祠」千餘所。《舊唐書‧李德裕傳》說：「德裕壯年得位，銳於布政，凡舊俗之害民者，悉除革弊。」他在浙江觀察使任上時，「江、嶺之間信巫祝，惑鬼怪，有父母兄弟屬疾者，舉室棄之而去。德裕欲變其風，擇鄉人之識者，諭之以言，繩之以法，數年之間，弊風頓革。屬郡祠廟，按方志前代名臣賢後則祠之，四郡之內，除淫祠一千一十所」。除此之外，尚有一些比較零星的禁毀活動，如韋正貫為嶺南節度使，「南方風俗右鬼，正貫毀淫祠，教民毋妄祈。」於頔為蘇州刺史，「吳俗事鬼，頔疾其淫祀廢生業，神宇皆撤去，唯吳太伯、伍員等三數廟存焉。」韋景駿為房州刺史，「州帶山谷，俗參蠻夷，好淫祀而不修學校。景駿始開貢舉，悉除淫祀。」唐後期的河北幽州，還出現了尊安史叛亂的首領安祿山、史思明為「二聖」，修墳建祠予以祭祀。穆宗長慶元年（821 年），朝廷委派張弘靖出任節度使，欲變更其俗，「乃發墓毀棺」，引起當地人的不滿。

總之，中國民間雖然也有祭奠厲鬼的傳統，但是其「地位」遠不如日本的怨靈穩固，恩及所有怨靈的祭祀也從來不見，被祭為神靈的厲鬼怨靈，有時也有被毀廟挖墳的危險。

追究死者的責任與中國人的寬容

在中國，死並不是一種全方位的肯定，死者不是全部成佛，即使是怨靈厲鬼，也不會像日本那樣得到萬代香火。地獄思想也並沒有在與民族宗教的相互融合、相互吸收中不斷淡化，而是更加完善，更加濃烈地在中國落地生根，清楚地告誡人們：生前做惡，死後也會受到懲罰，因果報應會從人間延續到陰間，以此觀念強化「勸善懲惡」的宗教功能。中國人不像古代日本人那樣，認為死後之靈對世間的作祟是單向性，人間對死者只能敬拜，不能「懲治」。在中國，世人會追蹤到死的世界，去報復和「懲治」死者，死者也會像楚平王、秦檜和汪精衛一樣，遭到報復和「懲治」。

這樣一來，是不是說，中華民族和日本民族相比，就是一個不寬容的民族呢？其實並不是如此，中國人的寬容曾使日本人感動。

1945 年 8 月 15 日日本戰敗以後，當時中國的最高統帥蔣介石發表《抗戰勝利告全國軍民及世界人士書》，他在這篇由自己親自撰寫、宣播的講話中說：

> 我中國同胞們必知「不念舊惡」及「與人為善」為我民族傳統至高至貴的德性。我們一貫聲言，只認日本黷武的軍閥為

敵，不以日本的人民為敵。今天敵軍已被我們盟邦打倒了，我們當然要嚴密責成他忠實執行所有的投降條款，但是我們並不要報復，更不可對敵國無辜人民加以侮辱，我們只有對他們為他的納粹軍閥所愚弄所驅迫而表示憐憫，使他們能自拔於錯誤與罪惡。要知道如果以暴行答覆敵人從前的暴行，以奴辱來答覆他們從前錯誤的優越感，則冤冤相報，永無終止，決不是我們仁義之師的目的。

這以後，中國動員了在日本的侵略中遭到嚴重破壞的全國約三分之二的國力，送二百多萬日本軍民平安返日，並提出阻止列強如瓜分德國一般瓜分日本、保留天皇制度、放棄戰爭賠償請求權等「以德報怨」的政策，對日本的戰後復興，有着巨大的實質性貢獻。

筆者最近讀一些當年在中國打過仗的原日本兵們所寫的戰爭回憶錄，這些回憶錄中的許多文章都生動地記敘了戰爭結束後中國人對他們的寬容，這使他們終身不忘。

日本老兵四宮清善在自費出版的《蚌埠永遠》中，講述了他們部隊在日本投降後，住在南京民宅等候回國時的一段經歷。那時，中國軍隊徹底貫徹「以德報怨」的方針，對日俘非常寬大。他們每天在收容點裡只是閒談玩樂。因為四宮清善是通訊部隊的下級軍官，有一次中國軍隊請他們通訊部隊的 3 個人去指導軍官學校內通訊線路和通訊機械的維修，工作完畢後，中國軍人為了

感謝他們，在飯店裡對他們進行了盛情款待。四宮清善說，「完全就像為我開歡迎會一樣。」

住在收容他們的民宅周圍的中國人也時常跑來和他們聊天。有的人對他說：四先生你們是不是要回日本了？回去後請馬上再回到這裡來，我們家有住的地方，回來吧，我們等着你。四宮清善述懷說：他們都是一些窮人，可他們的熱情值千金。

這些被俘虜的日本兵由於太清閒，為了打發時間就組織在一起搞文藝演出。演出地點就在附近中國部隊的營地，中國軍人也來觀看，演到興濃意酣之處，有的中國士兵也要求上台演出。一個中國士兵扮演一個拾破爛的中國人，他說：你們回到日本，日本也被戰爭破壞得慘不忍睹，那些回去的士兵們現在幸福嗎？我希望他們幸福。

四宮清善感動地說：撤退到重慶的國民黨政府軍的蔣介石總統，戰後對駐中國的日本軍隊說的第一句話就是「以德報怨」，這是何等寬大的胸懷？近十年來，國土化作戰場，人民淪為難民，但仍舊施之以德，這真是名副其實的孔孟之邦。（詳見四宮清善自費出版的《蚌埠永遠》）

岡野篤夫在《大陸戰塵錄》中以「中國人的寬容」為一節，記錄了他們部隊戰敗後在常州的經歷。他寫道：

> 一般的中國人對我們的態度，寬容得令人不可思議。在美軍駐紮的上海和南京，日軍的處境好像很悲慘，但是這個城市裡的人們，好像並不把我們和中國軍隊加以區別。我們帶着軍

刀和手槍喝得酩酊大醉在街上閒逛，沒有一個人來責備我們。

......

　　街上有電影院，我們感到好像有十年沒看電影了。我們問電影院的人，我們可不可以進去看，回答是「當然可以」。電影院的票價是普通人 120 元；學生 60 元；軍人 30 元（中華民國發行的法定貨幣），電影院的人說我們可按軍人價格買票。我們是軍人不假，但是是敵國的軍人，又是戰敗的敵國的軍人，他們還是按照軍人優待我們，令我們誠惶誠恐。

　　蔣介石在戰爭結束時，在如何處理日軍的問題上，有「以德報怨」的訓令，這個訓令似乎被貫徹得特別徹底。使我們吃驚的是，中國兵看到我們都是先敬禮。對方的哨兵白天也並非立槍站崗，而是扛槍站崗，他們就這樣扛着槍把右手移到肩旁向我們敬禮。對於中國軍隊的軍官，我們雖是先敬禮，但有一位對方的少尉，還禮時用的是鄭重的對長官式的軍禮，真令我們誠惶誠恐。[20]

　　戰後，中國人對日本人的寬容，感動了無數日本人，他們大多都成了中日友好的使者。戰爭是國家之間的戰爭，人民個人之間沒有絲毫的怨恨；侵略戰爭是一個國家的國策錯誤，就是參戰的士兵，也是出於無奈和強迫。我們淳樸、善良而寬容的先輩，深悟這個簡單的道理，所以他們讓當時的日本兵為「名副其實的孔孟之邦」而感動、感激、涕泗橫流。

1973 年 10 月，田中角榮作為首相首次訪問蘇聯時，曾對蘇共中央總書記勃列日涅夫和總理柯西金説：「日本人對蘇聯在感情上難以原諒，這並不是因為昭和二十年（1945 年）蘇聯撕毀日蘇中立條約參戰。在日本無條件投降的時候，中國政府説：『把日本人送回到母親身邊去』，於是就把幾百萬日本人和在華日本人送回了日本，而蘇聯卻把幾十萬關東軍士兵帶到了西伯利亞。」

中國人感動了田中角榮，使他願為中日友好捨命。

我曾經採訪日本的一個民間組織，叫做「中國歸國者聯絡會」，他們都是從中國撫順戰犯管理所回到日本的老人，按普通人理解，這些人聚集在一起，理應是發洩積怨，傾訴苦難，因為戰犯管理所是監獄，而他們是犯人。然而恰恰相反，他們之所以成立「中國歸國者聯絡會」，是為了緬懷他們在中國的生活，傾訴他們在撫順的感動，他們會向着大海，用他們在撫順戰犯管理所用過的洞簫，吹一首深情的曲子，傾訴他們綿綿的思念；他們把逝世的原看守的遺影，放在家裡，事務所裡，以示永遠的思念；他們把原看守們請到日本，傾訴惜別的深情；他們不遠萬里，親赴撫順，去慶祝撫順戰犯管理所成立五十週年……

他們之所以有這種奇特的感受，原因其實很簡單，那就是，他們雖然是戰犯，但是當時的撫順戰犯管理所貫徹周恩來總理的指示，把他們當人看，既尊重他們的人格，也尊重他們的民族習慣。看守們吃的是粗糧，他們吃的是白米，管理所還從全國各地請來會做日本料理的廚師，給他們做天婦羅、壽司、醬湯……

日本戰爭孤兒自編自演懷念中國養父母的文藝節目。

沒有任何辱罵體罰，沒有強迫勞動，有充分的娛樂，有完備的醫療⋯⋯反省發自於內心，認罪來源於感動。五十年後，他們來到了原管理所所長的家裡，面對老所長的遺影，依舊是老淚縱橫⋯⋯他們告訴我，在撫順戰犯管理所歸國的一千多名日本人中，只有一個人，為了自己返回官場，否認過自己的罪行，其他人都在深深的感動中反省，都對中國充滿了感謝之情。

這一千多名日本人的經歷告訴我：人決不是蛇，因為人是可以被感動的，惡不能消滅惡，能夠消滅「惡」的只有「善」，正像冰雪不能融化冰雪，而只能代之以陽光。當然，我並不否認，世界上有不能感化的惡人，尤其是惡的力量遠遠大於被壓迫者時，善很難遏止惡的一意孤行，我也曾為這個問題的兩難性而苦苦思索過。可是後來，當我讀到一位當代著名的宗教哲人的文章後，頓覺茅塞頓開。他說：當有比你強大得多的力量不可理喻地壓迫你時，你要表現出一種強硬的態度，以維護你的權利和尊嚴，但你的目的必須是為了使對方變得好起來，無論對於他自己還是對於他人。

人類對於「惡人」的處置，是一個從以惡抗惡，以暴易暴到以德報怨，以善化惡的漸進的過程，這可以從人類社會對於所謂「犯人」的措施的不斷改變上表現出來。從大的趨勢來看，總是越來越人道，越來越寬容，如從有酷刑到無酷刑，從有死刑到有些國家不斷取消死刑，我們也可以看到，越發達的國家，「以善化惡」的進程就越完善。越來越多的人意識到，以惡抗惡是不

得已，以善化惡才是人類應該主動開闢的一條充滿理性和寬容的道路。

1945 年日本戰敗後，中國人收養了幾千名侵略自己國家、屠殺自己同胞的日本孤兒，像對待自己的親生孩子一樣把他們養大成人。從 1972 年至 1995 年，回到日本定居的日本戰爭孤兒有 2171 人，中國養父母對日本孤兒那超越國與仇的骨肉深情，永遠感動着孤兒們，他們成立了「中國養父母謝恩會」，「扶桑同心會」等民間團體，為感謝中國的養父母展開活動。他們定期回國看望中國養父母，為已故去的中國養父母掃墓。在黑龍江省方正縣和遼寧瀋陽，分別有日本歸國戰爭孤兒捐資建造的中國養父母公墓和「感謝中國養父母碑」。「感謝中國養父母碑」是一座古銅色的雕塑，塑造了在戰後的凋敝與破敗中，兩個衣着簡樸的中國養父母，充滿了慈愛地呵護着一個身背小書包的日本孤兒，領着他走向充滿溫暖的新的家庭和新的未來……

「感謝中國養父母碑」的碑文寫道：

> 日本軍國主義侵略給中國人民帶來的重創與苦難難以估量。一九四五年，日本戰敗。眾多的日本兒童與雙親離散，被遺棄在中國大地上。是善良的中國人民，置自己的生活窘困而不顧，向這些身世悲慘的孤兒伸出慈愛之手，並以其心血與博愛把這些孤兒養育成人。
>
> 一九七二年九月，日中恢復邦交，一些孤兒在尋親過程中驗明了自己的身世，提出回到祖國去的希望。中國養父母對此

給予極大的理解與支持，忍受離別之苦，揮淚送孩子們踏上歸途……對中國養父母的人道與博愛，日本人民感銘之至，並永世難忘他們的宏恩盛德……為將中國養父母的偉大精神與崇高事蹟傳頌萬世，為告誠後人不再重蹈覆轍，特立此碑。

2008 年，中國四川省汶川發生大地震，在日本的戰爭孤兒們感同身受，積極捐款。2008 年 6 月 11 日，戰爭孤兒代表來到中國駐日大使館，把四百萬日元親手交給中國駐日大使崔天凱，至此戰爭孤兒已經基本完成了他們為四川災區捐款一千萬的目標。

戰爭孤兒代表池田澄江對崔天凱大使說：我們知道四川發生大地震以後，立刻在戰爭孤兒中舉行了捐款活動，我們的目標是捐款一千萬，第一次送來五百萬，這次送來四百萬，現在又捐了六十五萬。我們希望在地震災區建立兩所小學，由我們這些老孤兒，去照顧那些在地震中失去親人的小孤兒。對於他們的學習用品我們要負責到底。我們雖然老了，但是還有第二代，第三代，我們一定要把日中友好的事業進行到底。雖然我們殘留孤兒不富裕，但是中國發生了震災，我們非常心痛。我們戰爭孤兒在平時生活都非常節儉，就是一百多日元的車費有時也不捨得花，自己徒步走三、四十分鐘，但是大家為中國災區捐款，都非常踴躍，都一萬一萬地往出拿，大家都對中國有非常深厚的感情。

中國人不是不寬容的民族，但深受儒家實踐理性熏陶的中國人的寬容，主要是在人世間實行其博大的寬容與仁慈。「未能事

戰爭孤兒為四川汶川地震捐款，前排右五為時任中國駐日本大使崔天凱。

人，焉能事鬼。」（孔子《先進》）「言仁必及人」、「愛仁能人」（孔子《國語‧周語下》），以德報怨，可以化惡為善，可以化敵為友。同時，從「勸善懲惡」的功能性文化意識出發、從祈念人世間能增善減惡的願望出發，他們並不認為死是一種全方位的肯定。「蓋棺論定」——善人死了還是善人，其善緣必然恩及子孫；惡人死了仍是惡人，仍然逃不出「惡有惡報」的因果鏈條。

中國人對死的世界的塑造，是希望死的世界通過它無法企及的深邃與魔力，通過其令人膽戰心寒的審判與懲罰的構造，將生的世界的善惡觀更強烈、更分明的反射回人間，以讓善者更善，惡者棄惡，更將弱肉強食的現實中無法實現的因果報應，投射到死的世界，為無法承受難忍的重壓的心靈找到一種彼岸平衡。而日本人對死世界的塑造，是希望通過一個完全平等和全方位肯定的死的世界，找到暫時分裂的單一民族再次和解與連接的不可置疑的依託。讓死的世界以它永遠不可透視的神秘，將一種失去的和諧之光重新反射到人間，發出源源不斷的民族和解的呼籲。

這死的世界的不同，也鮮明地反映在中日兩國的民族性格上：

中國人重視善惡。

日本人重視和諧。

註釋

[1] 《東周列國志》第七十六回〈楚昭王棄郢西奔　伍子胥掘墓鞭屍〉。

[2] 傅偉勳：《生命的學問》，浙江人民出版社，1996 年，頁 223。

[3] 魯迅：〈祥林嫂〉。

[4] 梅原猛：〈美與宗教的發現〉，張錫坤主編《佛教與東方藝術》，吉林教育出版社，1989 年，頁 894。

[5] 吳天穎：〈漢代買地券考〉，《考古學報》1982 年第 1 期；魯西奇：〈漢代買地券的實質〉，《中國史研究》2006 年第 1 期；黃盛璋：〈江陵高台漢墓新出「告地策」、「遣策」與相關制度發覆〉，《江漢考古》1994 年第 1 期。

[6] 胡頌平：《胡適之先生晚年談話錄》，新星出版社，2006 年。

[7] http://www.zggdwx.com/daojiaoyishu/24.html

[8] 折口信夫：〈從民族宗教到人類宗教〉，《折口信夫全集》第 20 卷，中央公論社（『折口信夫全集第 20 卷』、中央公論社），1996 年，頁 284-285。

[9] 奈良康明編著：《日本佛教明解事典》，東京書籍（『日本の佛教を知る事典』、東京書籍），1995 年，頁 105。

[10] 海明威《喪鐘為誰鳴》序裡引用的英國詩人 John Donne 的詩 *No man is an island*。

[11] 馬克思：《1844 年經濟學 —— 哲學手稿》，劉丕坤譯，人民出版社，1979 年，頁 73。

12　梅棹忠夫、多田道太郎編：《日本文化與世界》，講談社（『日本文化と世界』、講談社），1978 年，頁 34-35。

13　梅原猛：《美與宗教的發現》，集英社（『美と宗教の発見』、集英社），1982 年，頁 149-150。

14　梅原猛：《地獄的思想》，中央公論社（『地獄の思想』、中央公論社），1988 年，頁 95。

15　召虎：史稱召穆公。是西周初年與周公姬旦（周文公）共同輔政的召公姬奭（召康公）的後人。

16　伯陽父：又稱史伯，為周宣王、周幽王時期的太史，西周末年哲學家。

17　岳海鎮瀆：瀆，河川，帝王走過的地方，要做記號，岳海鎮瀆，就是這樣的記號。

18　黜陟使：是對地方官吏進行考察、並將其政績情況上報更高一級的部門，並提出推薦或貶黜的建議的長官。

19　《資治通鑒》卷一九二。

20　岡野篤夫：《大陸戰塵錄》，旺史社，1985 年，頁 331-332。

第六章

中日生死觀對決
靖國神社

與中國淵源深厚的靖國神社

　　靖國神社是位於日本東京都千代田區九段下的一座神社，是以軍人和軍屬為主要供奉對象的神社，神社中供奉着自 1853 年（嘉永六年）7 月 8 日，美國東印度洋艦隊司令馬休・卡爾佩斯・佩里將軍率領的「黑船」（蒸汽船，由於船體塗上了防水黑漆又冒出黑煙，因此被稱為「黑船」）進入了浦賀沖以後在日本國內外的事變、戰爭、國事中殉難的軍人、軍屬。被供奉者原本被稱作「忠魂」、「忠靈」等，後來根據日本幕末武士藤田東湖的《和文天祥正氣歌》中的一句詩：「英靈永不泯，常在天地間」而改稱「英靈」，到 2004 年 10 月 17 日為止，這裡共供奉「英靈」2466532 柱（日本數神的單位）。

　　靖國神社建於 1869 年 8 月 6 日（明治二年六月二十九日），原稱「東京招魂社」，在 1879 年（明治十二年），明治天皇將「東京招魂社」改名為「靖國神社」。

　　靖國神社的名字來源於中國古代典籍。春秋時左丘明著《國語・周語下》：「自后稷 ' 之始基靖民，十五王，而文始平之。」韋昭註曰：「基，使也；靖，安也，自后稷播百穀，以使安民。」《國語・周語下》中還說：「畎畝之人，或在社稷，由欲靖民也。」韋昭註：「靖，治也。」

1873 年左右的東京招魂社，出自『寫真で見る幕末・明治』。

「靖國」一詞出自左丘明著《左傳‧僖公二十三年》：

> 二十三年春，齊侯伐宋，圍緡，以討其不與盟於齊也。
>
> 夏五月，宋襄公卒，傷於泓故也。
>
> 秋，楚成得臣帥師伐陳，討其貳於宋也。遂取焦、夷，城頓而還。子文以為之功，使為令尹。叔伯曰：「子若國何？」對曰：「吾以靖國也。夫有大功而無貴仕，其人能靖者與有幾？」

上文的意思是：二十三年春季（公元前 637 年），齊孝公發兵進攻宋國，包圍緡地（夏時之緡國，春秋時屬宋，漢置東緡縣，故址在今山東省金鄉縣東北），討伐宋國不到齊國參加會盟。夏季，也就是五月，宋國國主宋襄公發兵攻鄭，與楚決戰於泓水，宋師敗績。襄公不幸中箭，不久辭世。當時宋、楚兩國為爭奪中原霸權，在泓水邊發生戰爭。鄭國親近楚國，宋襄公為了削弱楚國的力量，出兵攻打鄭國。楚國出兵攻宋，以解鄭國之圍。當時楚強宋弱，但交戰開始時，形勢本對宋軍有利，可宋襄公實行所謂「不乘人之危」的「君子之仁」，以致貽誤戰機，慘遭失敗。

秋季，楚將成得臣領兵北征背楚親晉的陳國，佔領了焦、夷兩地，在頓地築城後回國。子文把這些作為他的功勞，讓他做令尹（令尹是楚國在春秋戰國時代掌管政治事務的最高官）。叔伯說：「您想讓國家如何？」子文回答說：「我是用他來使國家安定。有了大功而不讓其居高位，那麼有誰會使國家安定呢」？

參照上面的中國古代典籍所載，靖國神社從語義學上來説大約有三重意思：第一層意思：「靖，安也」。希望通過對戰死的人的祭奠，使國家安寧。這與日本傳統中的「荒靈」通過祭祀漸漸被淨化，終於變成了鎮護國家與鄉土的「御靈」，也就是失去了個性的「祖先靈」的信仰有關。第二層意思：「靖，治也」。正像我們上面所提到過的，最澄在長期講解《法華經》、《金光明經》、《仁王般若經》時所用的發願文和講義等在弘仁三、四年（810-811 年）總結整理成《三部長講會式》一書，此書由「長講法華經先分發願文」、「長講法華經後分略願文」、「長講金光明經會式」、「長講仁王般若經會式」四部分組成。其中「長講法華經先分發願文」中有超度與祭奠「橫死靈」一段：「伯伴成子等，一切中夭靈。東夷諸將軍，及曹諸將軍，一切橫死靈」，在靖國神社中祭奠的亡靈，都不是自然死的亡靈，因此都是「橫死靈」，也有成為怨靈之虞，因此需要通過祭奠「鎮魂」。第三層意思：「吾以靖國也。夫有大功而無貴仕，其人能靖者與有幾？」就是給予對國家有功勞的人以最高的祭奠的意思。

　　前兩層意思，代表以「御靈信仰」為核心的皇家貴族的王朝文化，而第三層的意思，代表以讚揚忠勇為核心的武家文化。

　　截至 2006 年，靖國神社祭祀的在戊辰戰爭[2]以來歷次戰爭中為日本政府（或曰為天皇）戰死的人（不包含幕府、西鄉隆盛勢力的戰死者），而死後進入靖國神社的條件是「以為保衛祖國而遂行公務為起因而死的各方神靈」。

1950 年代中期參拜靖國神社的戰爭遺屬，出自《寫真公報（1955 年 4 月號）》。

美國為什麼同意保留靖國神社？

靖國神社在創建當初歸軍務官管轄，後來由內務省管轄人事，陸軍省和海軍省管轄祭奠。二戰後，盟軍佔領日本。1945 年 12 月 15 日，聯合國佔領軍總司令部發佈禁止政教合一的命令，禁止日本政府與神道發生任何聯繫，把神道作為一種獨立的民間宗教處理。從此，神道教超宗教的地位終結了。根據這一命令，1946 年，靖國神社脫離國家管理，成為東京都知事認證的獨立宗教法人。

據說，1945 年，聯合國佔領軍總司令部總司令麥克·阿瑟曾經準備燒掉靖國神社，建立賽犬競技場，但是在佔領軍中發生了爭論。佔領軍總司令部徵求羅馬教皇駐日代表、上智大學校長帕德利克·皮特神父（Bruno Bitter）和美國瑪利諾（Maryknoll）傳教會的巴特利克·波恩神父的意見。皮特神父說：無論什麼國家，都有為這個國家而死的戰士奉獻敬意的權利和義務。紀念為國家戰死者是人類的「自然法」，這不涉及戰勝國和戰敗國的問題，這是平等的真理，燒燬神社，是和聯合國佔領軍政策不相容的犯罪行為。

他說：如果說靖國神社是國家神道的中樞，是錯誤的國家主義的根源的話，那麼應該排除的是國家神道的政策，而不是靖國

神社。我們完全承認信仰自由。我們應該向日本政府進言，神道也好，佛教也好，基督教也好，無論信仰什麼宗教，只要是為國家而死的，都要供奉到靖國神社。

據説波恩神父看法也和皮特神父一致。1951 年，羅馬教廷對於教皇在 1936 年有關《信仰祖國的義務》的訓令進行了確認。

1936 年，當時的天主教會羅馬教廷布教聖部給日本天主教會送來《第一聖部訓令》，其中表明：對神社的參拜是「愛國心與忠誠心的表現」，承認日本的天主教徒參拜靖國神社。

1975 年，日本真言宗醍醐派品川寺僧侶仲田順和請求教皇保祿六世對在東京審判中被處死的戰犯等做彌撒，得到了保祿六世的許諾，但保祿六世在 1978 年逝世。1980 年 5 月 21 日，教皇約翰・保祿二世在聖伯多祿大殿為在東京審判中被處死的人們做彌撒，供奉了 1068 個戰犯的牌位。[3]

1946 年 1 月 25 日，麥克・阿瑟在給當時的美國陸軍總參謀長艾森豪・威爾的電報中説：「日本人會把聯合國對天皇的審判看作是對歷史的背信，其憎惡和憤怒是可以預見的，而且會長久地存在下去。其結果就是那種難以終結互相復仇的連鎖反應的開始，這種連鎖反應的持續即使不是永久的，也要持續幾個世紀。日本人已經被解除了武裝，那些經過訓練，裝備齊全的軍隊已經不會帶來什麼災難，但是所有的政府機關崩潰，行政活動停止，由地下活動造成的混亂及山嶽地區和其周邊地區的游擊戰帶來的秩序的不安則是可以預想的。」[4]

美國似乎了解天皇在文化人類學意義上的「功能」，也一定會逐漸了解靖國神社在文化人類學上的功能，就是我們前面說的「怨靈祭祀」傳統的功能。「怨靈祭祀」是通過「勝者的謝罪」而發出的民族和解的信號，是人間的分裂在想像中的靈的世界的彌合，而美國允許日本保留靖國神社，也是在釋放一種美國與日本民族和解的信號。

每年 8 月 15 日，日本的靖國神社裡都是人聲鼎沸。日本在二戰時的陸海空三軍幾乎都會在這裡「再現」：軍號嘹亮，戰歌震天，「大東亞戰爭是自衛的戰爭」、「大東亞戰爭是為了解放亞洲」等橫幅、條幅交錯飛舞，軍旗獵獵，刀槍出鞘，彷彿是一幅活生生的「軍國圖」，和靖國神社之外和平、寧靜的日本形成鮮明的對照。這幾年由於中韓反對日本首相參拜靖國神社，8 月 15 日的靖國神社中出現了許多反對中韓的橫幅等，但是細細地琢磨這些標語和口號，其實主要內容是反美，是向所謂「大東亞戰爭」的最主要勝利者美國示威，傾訴不服與怨恨。何止是 8 月 15 日，在靖國神社正殿旁的常設展示館「遊就館」，簡直就是「反美館」。

正像靖國神社的「靖國」出自中國《春秋左氏傳》第六卷中「吾以靖國也」之句一樣，此館的名字也來源於中國荀子的《勸學》之句：「故君子居必擇鄉，遊必就士」。

一到「遊就館」的門前，就可以看到門前立著和美國作戰時「勇撞敵機、敵艦」的「特攻隊員」塑像。進入館內，細細揣摩

陳列品、解説詞、遺書、血書等，可看出遊就館的兩大主題：在敘述戰爭的緣由時，讓日本以受害者面目出現，歸咎為美國、蘇聯、英國的「壓迫」及美國「引蛇出洞」的陰謀，而戰爭目的，則解釋為幫助亞洲擺脫白人殖民，解放包括中國在內的亞洲，實現「大東亞共榮」（2007 年 1 月以後有所改變，變得客觀了一些）。

據說美國駐日大使托馬斯·希弗也去靖國神社考察了一番。他看了遊就館後，感到不知所措——照着遊就館說法，日本侵略中國和偷襲珍珠港純屬「迫不得已」，彷彿戰犯不是東條英機，而是羅斯福！對此，希弗苦笑着說：這就是敗者的世界觀。

但是奇怪的是，在安倍 2013 年 12 月 6 日參拜以前，對於靖國神社的反美傾向，美國政府從來沒有理會過，甚至美國總統布殊在 2002 年訪日時還要和小泉一起去參拜靖國神社，倒是小泉被他嚇壞了，不敢和他一起去。而反美傾向濃重的靖國神社，其實是託了美國的福才得以保存下來的。

在安倍 2013 年 12 月 6 日參拜以前，不管靖國神社中出現了什麼事情，合祀甲級戰犯也好，進行反美宣傳也好，美國絕不置喙。這一方面是美國為了表現自己「博大的胸襟」，我想另一方面也是美國的一種高超策略。美國留給日本一個夢，一個敗者得以自我安慰的夢，他允許日本人在一個小小的空間裡對着美國歌哭、吶喊、咆哮，並在一個特定的時空把自己打扮成道義上的勝者。美國清楚地知道，以兩顆原子彈戰勝日本給日本人留下的噩夢是漫長的，與其堰堵不如疏導。美國似乎吸取了二戰前美國對

日本實行嚴厲的經濟制裁，使其沒有退路，最後「窮鼠噬貓」偷襲珍珠港的教訓。一方面在日本佈置數萬大軍，作為「瓶蓋」，「蓋」住日本軍國主義的魔瓶，同時又給日本最大的獨立性和自由性，允許他們以自己的方式悼念戰死者乃至甲級戰犯，儘管這種悼念形式有時使美國尷尬地苦笑。

美國似乎更加深諳老子哲學：「將欲翕之，必固張之」，「將欲弱之，必固強之」。因為美國「知其雄，守其雌」，「知其白，守其黑」，「知其榮，守其辱」。

靖國神社為什麼成為國際問題？

戰後一直到 1985 年，絕大多數日本首相都參拜過靖國神社，就是和中國關係最密切的田中角榮，也曾參拜過靖國神社五次，但是亞洲各國沒有人提出異議。1985 年的 8 月 15 日，是日本戰敗四十週年，中曾根康弘以首相的公職身份正式參拜了靖國神社，中國對此首次提出抗議，其原因是靖國神社在 1978 年秘密將十四名被盟軍遠東軍事法庭判罪及處決的甲級戰犯放入供奉

的名單裡，這些甲級戰犯包括擔任過首相的東條英機和外相廣田弘毅（這十四名戰犯是否都是甲級戰犯在史學上有爭議）。

中曾根在 1982 年接替鈴木善幸出任日本首相，1983 年 4 月 21 日，他進行了出任首相以來的首次靖國神社參拜。記者們將他團團圍住，問他是以公職身份參拜還是以私人身份參拜，中曾根回答說：「是內閣總理大臣中曾根康弘向靖國神社的英靈充滿感謝的參拜。」他還自掏腰包獻上十萬日元的「玉串料」，在來賓簽到簿上寫上「內閣總理大臣中曾根康弘」。中曾根雖然沒有明言正式參拜，卻向正式參拜邁出了一大步。為了促成政府的正式參拜，日本戰歿者遺族會發起了絕食請願活動。1984 年 8 月 15 日，一百餘名日本戰歿者遺孤在靖國神社前絕食 50 小時，請求政府正式參拜靖國神社。

歷屆首相雖然大多參拜靖國神社，但都是以私人身份參拜，也有的對究竟以什麼身份參拜不明說。1980 年 11 月，當時的鈴木內閣還發表了「尚不能否認正式參拜有違反憲法之嫌疑」的「政府統一見解」。然而中曾根康弘就任首相後，明確提出了「戰後政治總決算」的口號，對正式參拜靖國神社顯示出積極性。

中曾根之所以對以公職參拜靖國神社非常積極，主要有三個方面的原因。第一，他是一個日本人，持有「死者即佛」、「祖靈崇拜」的生死觀。第二是他的親屬和戰友都在靖國神社裡祭奠。他 1941 年畢業於東京大學法學部，進入日本內務省任職。1942 年應徵入日本海軍任主計中尉。開戰的時候是在南方艦隊的「青

葉號」巡洋艦上，日本戰敗時是「長門號」戰列艦的主計少校，參加過爪哇海戰和萊特灣大海戰，他在軍校中的 110 名同學戰死22 個，同學們在奔赴戰場時都說：「相會在靖國神社。」中曾根認為：在靖國神社祭奠戰死的亡靈，是國家與戰死者的誓約。

第三就是遺族會（遺屬會）的壓力。在靖國神社供奉的死者有二百多萬名，其遺屬有千萬人以上。

遺族會是第二次世界大戰後，日本官兵的遺屬組成的一個全國性組織。在第二次世界大戰中戰死者的遺屬有 60% 都加入了遺族會，他們來自一百四十萬個家庭，目前約有會員八百餘萬，一萬多個支部遍佈全日本。遺族會中約有十七萬人是日本自民黨黨員，從第三代會長以後，會長都是眾議院議員，對自民黨有着很強的影響力，是自民黨的重要票源。遺族會的主要目標有兩個：一是「表彰英靈事業」，促使天皇和首相為首的政府官員參拜靖國神社，並完善、保護靖國神社設施；二是要求日本政府提高遺屬補助金。

中曾根先指示自民黨設立「靖國神社小組委員會」，為閣僚正式參拜靖國神社尋找法律依據，接着又在內閣設立以原法制局長官林敬三為組長的官房長官藤波孝生的私人諮詢機構「關於閣僚正式參拜靖國神社懇談會」，討論參拜靖國神社是否違憲的問題。因為日本《憲法》第 20 條是保障信教自由和禁止國家進行宗教活動的條款，無論任何人的宗教信仰自由都獲得保障。任何宗教團體都不能行使政治權力或從國家享受特權，不能強制任何

人參加帶有宗教性質的行動、慶典、儀式或活動。國家及其機關不得進行宗教教育並不得從事宗教活動。

中曾根之所以在以首相的公職身份正式參拜靖國神社前比較謹慎，在當時還不是怕在外交上引起麻煩，而是擔心是否違憲的問題。他所想到的是發生在三重縣津市的有關案例。

1965 年 1 月，津市政府動用公款 7663 日元，為建市立體育館進行地鎮祭的活動。地鎮祭原起於佛教，原稱「地鎮式」，在日本被稱為「地鎮祭」。即築壇建堂時，將金銀等寶物等埋入地中，以祭祀地神之儀式。[5]

日本的地鎮祭就是在進行土木工程前向土地神請求得到使用土地之許可的儀式，但不是由僧侶主持，而是由神道的神官主持，祈禱工程的平安進行、平安竣工、土地、建築物的安全等。通常是在所使用土地的四角立起青竹，並用稻草繩圍起形成祭場，神職人員作為齋主主持地鎮祭，建築企業、建築物所有者等出席。祭場的中央放上八角桌，桌上供上掛滿木棉條和紙做的祭神驅邪幡（御幣）的楊桐枝形成祭壇，供上酒、水、米、鹽、蔬菜、魚等的供品。

1965 年 3 月，津市市議會人員認為：市政府作為自治行政部門，為了特定宗教活動動用公款的行為違反了《憲法》第 20 條和第 89 條，要求角永清市長退還公款並提起了訴訟。在 1966 年的第一審判決中，津市地方法院認為神道儀式屬於「風俗」，因此不違反憲法，原告敗訴。在 1967 年第二審的名古屋高等法院

審判中，認為「市政府舉行的地鎮祭雖然與宗教有聯繫，但其目的完全是世俗的，其結果也沒有援助、助長和促進神道的發展，同時也沒有對其他宗教進行干涉和壓迫，因此不屬於憲法禁止的宗教活動。」

中曾根參考津市事件的判決，決定在參拜時不依從神道的禮儀，不接受神官的「御祓（除穢）」，也不接受神官的正式迎接。

在此基礎上，內閣官房長官藤波孝生於 1985 年 8 月 14 日宣佈「變更」以前的「政府統一見解」，中曾根於第二天的 8 月 15日，以內閣總理大臣身份正式前往參拜。他沒有進入靖國神社的本殿之中，也沒有實行神道的「二禮二拍手再一禮」的慣例，只是在本殿的走廊正面深深敬禮，當天中曾根內閣的十三名閣僚一起參拜了靖國神社。

中曾根的參拜引起日本各反對黨派和一些日本媒體的強烈批評。在「關於閣僚正式參拜靖國神社懇談會」的報告書提出以前的 8 月 7 日，《朝日新聞》發表了題為〈靖國問題，中國正以嚴厲的視線凝視〉的報道。8 月 15 日參拜以後，社會黨石橋政嗣委員長聲稱中曾根作為法制國家的首相，卻不顧憲法強行到靖國神社參拜，是非常可恥的行為，是新的戰爭的開始。《朝日新聞》等左派報刊也連日批評中曾根到靖國神社正式參拜有違憲的嫌疑，但最大的壓力還是來自外國的壓力，特別是中國的壓力。

中曾根正式參拜後，中國中央電視台當天就報道了該新聞，並且詳細介紹了社會黨、公民黨等反對靖國神社參拜的言論。8

月 22 日，新華社發表了評論員文章《絕不允許混淆侵略戰爭的性質》，文章批評日本政府試圖用追悼「為國家和社會奉獻了生命的同胞」，來混淆日本帝國主義發動侵略戰爭的性質，大大傷害了中國和亞洲各遭受過日本帝國主義侵略國家人民的感情。

8 月 26 日，以日本社會黨書記長田邊誠為團長的代表團訪華，和姚依林副總理舉行會談，田邊誠指出：中曾根內閣正在強化以軍事大國為目標的危險動作，社會黨反對首相以公職身份參拜靖國神社，反對防衛費超過 GDP 的 1% 政策。姚依林副總理則於 8 月 27 日在由他主持的歡迎會上，在讚揚日本社會黨嚴正立場的同時，激烈批評了中曾根政權。這是中國政府要人首次批判日本首相參拜靖國神社。

8 月 29 日，鄧小平會見了日本社會黨代表團，鄧小平談了維護中日關係的重要性後說：「日本軍國主義分子的活動讓人擔心，要注意日本政界，特別是個人的所作所為。」

9 月 13 日，胡耀邦會見了日中友好協會會長伊東正義，中曾根託伊東捎話給胡耀邦：「日中友好不變」，胡耀邦說：「過去的事情就過去了，最重要的是要吸取教訓。」

雖然胡耀邦沒有深究中曾根參拜的事， 但在 9 月上旬，北京大學出現了「抗議中曾根參拜靖國神社」，「警惕日本軍國主義復活」等大字報，還有人用漫畫諷刺胡耀邦邀請三千日本青年來訪並予以豪華接待，還張貼出「反對賣國求榮」、「抵制洋貨」、「打倒貪官污吏」等標語。

9月18日是日本佔領中國東北的國恥日，北京大學和清華大學的一千多名學生到天安門廣場遊行，打出「打倒日本帝國主義」、「打倒中曾根」、「強烈反對第二次入侵」等口號，明裡指向日本軍國主義，暗中發洩對改革弊病和貪污腐化的不滿，北京大學和清華大學校內也貼滿了批判中曾根的大字報。9月20日，中國外交部發表聲明，強烈譴責中曾根內閣到靖國神社正式參拜，聲稱靖國神社參拜已經成為中日兩國政府之間嚴重的政治問題。

　　在第二年的8月15日，中曾根沒有再去參拜靖國神社，而是給胡耀邦寫了一封長長的信。中曾根在信中說：閣下在1983年秋天訪問日本的時候，我們一起確認了日中兩國世世代代友好下去的決心。第二年我回訪中國，也確認了日中關係「和平友好、平等互惠、相互信賴、長期安定」四原則，並成功實現了閣下所提議的日本三千名青年訪問中國的計劃。我和閣下一起，對此感到極為滿足。

　　中曾根在信中還表示：日中兩國隨着各領域交流量的擴大，兩國不可避免地會產生若干的摩擦、誤解，會產生一些不安定的因素。我們能夠做到的是，在日中關係四原則，尤其是「相互信賴」的原則基礎上，盡早發現兩國之間的摩擦、誤解和不安定因素，真誠率直地交換意見，求大同存小異，為解決這些問題採取機敏的行動，防止問題的擴大於未然，解決出現的問題。

　　中曾根在信中特別談到了自己參拜靖國神社的問題。他說：

我在戰後四十週年的去年——1985年的「終戰紀念日」，為了回應我國戰死者遺屬會以及各方面多年來祈望首相參拜的夙願，以首相的身份首次正式參拜了靖國神社。我參拜的目的並不是肯定戰爭和軍國主義，恰恰相反，是為了尊重我國國民的感情，追悼那些為國犧牲的--般的戰死者，祈願世界和平。

　　但是我沒有想到，雖然已經過去了40年，不幸的歷史留下的傷痕還深深地銘刻在亞洲鄰國國民的心中，對於祭祀着負有侵略戰爭責任的特定領導者的靖國神社的正式參拜，從結果上來看，不可避免地會給貴國以及亞洲各鄰國的國民在感情上造成傷害，所以我今年作出了不去靖國神社正式參拜的高度的政治決斷。[6]

其實中曾根的弟弟也在靖國神社中供奉。中曾根在信中說：

　　說老實話，我的親弟弟是一名海軍軍官，也在過去的大戰中戰死，被供奉在靖國神社。根據戰前及戰時的國家方針，全部的陣亡者，原則上一律供奉在靖國神社，除了日本以外，再沒有任何國家對陣亡者一律進行祭祀。因此，多達246萬的普通戰死者的遺屬，對以靖國神社因循「死者無罪」這一日本獨特的生死觀，根據自己的判斷將極少數特定的侵略戰爭的領導人、負責人祭祀這一理由，否定內閣總理大臣的正式參拜，感到非常悲哀和不滿，特別是對於那些在不久前的大選中給予了我們壓倒性的支持，並使我們獲得大勝的支持自民黨的國民來

說尤其如此。我認為要解決這個問題要花更多的時間並努力發現更適當的方法，因此我決定今年不進行正式參拜，也希望在這個問題上得到閣下溫厚的理解。[7]

中曾根在信中，首先表達了他對胡耀邦的深情厚意，中曾根後來在回憶錄《天地有情——談戰後五十年的政治》中說：我中止到靖國神社參拜的理由，是擔心胡耀邦先生會因為我的參拜而遭到彈劾。[8]另一方面，也表現了他對中日生死觀的難以互相溝通、互相理解的無限悲哀。

在中曾根以後，首相參拜一度停止。1996 年 7 月 29 日，橋本龍太郎首相以公職身份在自己生日當天參拜了靖國神社（他以首相身份共參拜一次）。這是繼中曾根康弘之後，日本首相時隔十一年再次參拜靖國神社。2001 年 8 月 13 日首相小泉純一郎第一次參拜靖國神社並連續參拜六次，2006 年還在 8 月 15 日的終戰日第六次參拜，而每次參拜，都遭到來自中韓為首的亞洲一些國家和地區的抗議和反對。

小泉純一郎堅持參拜靖國神社的秘密

2006 年 8 月 15 日早晨 7 時 40 分，身着黑色燕尾服的小泉首相坐着黑色公車來到了靖國神社拜殿側門，經過拜殿，走進正殿，向載有戰歿者名簿（靈璽）的御羽車行一禮，然後在參拜名冊上以「內閣總理大臣」署名，並自掏腰包獻上三萬日元的「獻花錢」。小泉這次的強行參拜，打破了 1985 年中曾根康弘之後再無現任首相於「八．一五」參拜的歷史，也使他身為日本首相的政治美學在強烈的鎂光燈下刻進歷史 —— 這是他擔任首相的最後一次參拜。

而小泉為什麼如此熱衷於參拜靖國神社呢？

小泉是戰後第一個「脫派伐」的自民黨首相，除了改革業績外，個人魅力是他維持長期執政的一個重要支柱。2006 年 9 月，他卸任在即，星移斗轉之際，社稷政事已經淡漠。對他來說，在卸任之際找一個最具有歷史意義、最能使個人魅力爆發、使他的政治美學得以完成和昇華的關節點，才是流芳千古之計。

作為政治家食言而肥，為日本人所不齒。小泉在 2001 年競選自民黨總裁時，為了戰勝優勢遠遠超出他的橋本龍太郎，打出了「無論有什麼壓力，一定要『八．一五』參拜」的公約，但任期五年來他一次也沒有實現，2006 年則是最後的機會。若完成了

這一政治美學，小泉就實現了日本人無限推崇的「有終」之美，實現了他成為歷史「名宰相」的願望，並可能成為政治「再出發」的原動力。

小泉 1969 年參選眾議院議員落選，在 1972 年再選時，出現了一位熱烈地支持他的人，以後小泉才知道，這個人就是小泉在戰爭中死去的表兄井料鐵五郎的戰友。小泉對這位支持者說：表哥在天堂裡支援我。他還向鐵五郎的遺屬說：現在我已成為政治家，我一定不會讓戰爭再起。小泉在解釋他參拜靖國神社的動機時基本也說是為了「不會讓戰爭再起」。

小泉的表兄井料鐵五郎於 1945 年 6 月在「特攻」中死去，年僅 25 歲。小泉在訪問他的父親、原防衛廳長官小泉純也的故鄉鹿兒島時，總不忘到鹿兒島的原特攻基地知覽町，到那裡的和平紀念館為表兄祈念冥福，在那裡，當他讀到特攻隊員的遺書時，淚流滿面。

在「特攻」中戰死的人都在靖國神社內供奉，井料鐵五郎也不會例外。

小泉是一個傳統的日本文化和生死觀深入骨髓的人。即對「祖靈信仰」、「死者即佛」的日本傳統文化中生死觀非常執着。

小泉出任首相後，在日本記者俱樂部舉行的黨首討論會上談到甲級戰犯合祀的問題時，說：不應該對死者進行如此嚴格的區別。以後在談到這個問題時他也常說起類似的話。不對死者進行區別的觀念，實際上是來自我們前面所提到的日本傳統的「荒靈」

和「祖靈」的觀念，即在初死的時候是「荒靈」，不安定，會作祟；但是經過一段時間的供養和祭奠之後，就會化為沒有個性，渾然一體的「祖靈」，成為「祖靈」就是國家與子孫後代的保護靈，是不會再做祟的「善靈」，日本人都追求這種「冥護」。

而小泉去參拜靖國神社，一個隱秘的原因也是去請求表哥的「冥護」。

日本人在這一點上是非常特殊的，他們不像基督教世界和中國人那樣，認為人死了之後去了天國或是地獄的另一個地方，而是認為死者的靈魂回到活的人之中，進入了人間中的神域「神籬」之中，神社和家庭中的佛壇都是死去的人們的「神籬」。人通過和這些死去的神靈的交流、通過對他們的供養和祭奠，可以得到冥護和保佑。

2001 年，小泉在參拜靖國神社後訪問中國，虔誠地來到位於北京盧溝橋的中國人民抗日戰爭紀念館，獻花鞠躬，並為過去的戰爭向中國道歉。中日關係馬上又熱絡起來。但是小泉回國後，在 2002 年 4 月 21 日，又參拜了靖國神社。參拜了被害者，又去參拜加害者，這不是矛盾嗎？不是不守信用嗎？

對小泉來說，這完全是「圓融無礙」的，日本人認為死人都是佛，都是神。我們前面說過，日本的葬儀，基本上是佛教式的。而有研究者認為，日本人的葬儀形式，是中國寺廟中和尚的葬儀形式，它所蘊含的意義是：所有的人都能成佛。而中國和日本同是佛教國家，但是中國是以其原始宗教道教為基礎接受的佛

教，而日本是以其原始宗教神道為基礎接受的佛教。在中國的道教中，原本就有「勸善懲惡」的地獄觀念，也就是「泰山地獄」。中國人認為：生前做了壞事就是死了也沒有完結，要下地獄並受到懲罰。但是日本的原始神道中沒有地獄觀念，甚至沒有「罪」的觀念。以原始神道為基礎接受了佛教的日本，大大淡化了佛教的地獄觀念。在日本，死往往是一種全方位的肯定，因此對他來說無論參拜哪方都不矛盾，也不存在不守信義的問題。

天皇為什麼停止參拜靖國神社？

日本昭和天皇（1901–1989 年）在二戰結束後，曾八次參拜靖國神社（1945 年、1952 年、1954 年、1957 年、1959 年、1965 年、1969 年、1975 年）。1975 年（昭和五十年）11 月 21 日是昭和天皇最後一次參拜靖國神社。關於他停止參拜的原因，2006 年 7 月 20 日《日本經濟新聞》朝刊報道了已故日本前宮內廳長官富田朝彥當時記錄的昭和天皇的談話，就是所謂的「富田筆記」。

富田朝彥是警察出身，1972 年任警察廳警備局長的時候，發

生了「淺間山莊事件」。1972 年 2 月 19 日，日本左翼組織聯合赤軍成員（阪田弘、吉野雅邦、阪東國男、加藤倫教、加藤元久）在長野縣輕井澤町河合樂器製造公司的保養所「淺間山莊」脅持山莊管理人的妻子作人質。2 月 28 日，警察攻入淺間山莊內拯救人質，兩名機動隊員殉職，一名隊員受傷。富田朝彥親自指揮了對人質的營救。1974 年富田任宮內廳副長官，負責天皇等皇室安全以及照顧天皇起居等事務，1978 年升任戰後第三代宮內廳長官，2003 年去世。

「富田筆記」記錄了許多昭和天皇晚年的生活細節以及他與昭和天皇的對話。「富田筆記」有記錄 14 冊、日記 13 冊，1975 年和 1986 年各一冊，從 1986 年到 1997 年有 25 冊。在 1988 年 4 月 28 日的記錄中，富田記錄了天皇談論靖國神社問題的內容，是貼在日記本上的一張紙。天皇說，「我那時聽說合祀甲級（戰犯），而且還將松岡和白取（應是白鳥，是富田的誤記，因為「白取」和「白鳥」發音相同）都合祀了。築波在處理這個問題時很慎重。」

這裡的「松岡」是指原外務大臣、甲級戰犯松岡洋右，在東京審判受審期間，松岡洋右因病住進了美軍醫院。1946 年 6 月 27 日，松岡在醫院中病死；「白取」是指甲級戰犯、原駐意大利大使白鳥敏夫。曾任日本駐斯堪的納維亞各國大使、駐意大利大使，和駐德大使大島浩一起促成德意日三國同盟，第二次世界大戰後，作為甲級戰犯被捕並被遠東國際軍事法庭判處無期徒刑。

1949 年 6 月 3 日，因喉癌死於獄中。「築波」是指原靖國神社宮司築波藤麿，1966 年，築波藤麿接到由日本厚生省送來的甲級戰犯的「祭神名單」，但是沒有將甲級戰犯放到靖國神社合祀。

天皇還說：「松平之子是現在的宮司，他是怎麼考慮的呢？就這樣簡單地（合祀）了。松平是對和平有着強烈願望的，看來孩子不懂得父親的心呀！因此從那以後我就不參拜了，這就是我的心情。」天皇所說的松平是指松平慶民，即日本戰後最後一任宮內大臣，而松平的兒子松平永芳正是當時的靖國神社宮司，1978 年將甲級戰犯遷入靖國神社合祀。

《朝日新聞》2007 年 4 月 26 日還公佈了已故日本天皇裕仁侍從卜部亮吾的部分日記，在其 1988 年 4 月 28 日的日記中，也記有和 1988 年 4 月 28 日「富田筆記」中所記載內容相同的部分，即有關昭和天皇談靖國神社將甲級戰犯合祀的問題。

卜部亮吾在 2001 年 7 月 31 日的日記中寫道：「10 時，《朝日新聞》記者巖井來訪，這是昨晚約好的。果然談到了預想到的話題，就是天皇停止參拜靖國神社的原因，那是因為將甲級戰犯合祀不合天皇的心意。」

卜部亮吾還在 2001 年 8 月 15 日的日記中寫道：「……天皇在檐下的走廊裡讀報紙的朝刊，上面有關於天皇停止參拜靖國神社的報道，天皇說：『同意合祀的松平永芳是個大傻瓜。』」

我們前面說過，天皇裕仁在戰後共八次參拜靖國神社，最後一次是在 1975 年 11 月。而天皇裕仁自 1978 年後沒有參拜靖國

神社的理由一直不明，人們懷疑可能影響天皇參拜的原因有兩個：一是因為「合祀甲級戰犯」，二是因為當年日本首相三木武夫參拜靖國神社引發了「是公職參拜還是私人身份參拜」的政治問題。1975 年 8 月 15 日，當時的第 66 代總理三木武夫參拜靖國神社，這是戰後日本首相首次在終戰日參拜，但是他強調他的參拜是「私人參拜」（三木私人參拜的四個理由是：不用公車、玉串費用私費支出、不使用頭銜、沒有公職人員隨從），這樣就引發了「是公職參拜還是私人身份參拜」的政治問題，以後在首相參拜時，記者都要問：是公職參拜還是私人參拜。

從昭和天皇的立場來看，這兩個原因確實使天皇無論從個人的角度，還是從其公職的角度，都無法再繼續參拜靖國神社。在 1988 年 4 月 25 日，也就是昭和天皇生日的前一天，他舉行了記者會，這也是他所舉行的最後一次記者會。當有記者問第二次世界大戰的事，天皇回答說：「那是我最厭惡的一段回憶。」

從昭和天皇戰後的所做所為看，他在恪守兩個原則：第一是恪守他在 1945 年 8 月 10 日御前會議上，第一次也是最後一次行使「天皇大權」的初衷，無條件投降就是無條件投降，絕不為戰爭做任何翻案性的辯護；第二就是恪守戰後的日本憲法，不參與任何政治性的活動。

而松平永芳將甲級戰犯在靖國神社合祀，並不是出於「死者無罪」、「死者即佛」、「怨靈信仰」等文化信仰，而是具有強烈的政治傾向和重新評價「東京審判」的歷史觀的意志的。天皇敏

感地體會到了松平的用意，因此他堅決地迴避了松平給他設下的圈套。

松平永芳出生於 1915 年（大正四年），2005 年（平成一七年）逝世。其祖父為松平春嶽（1828-1890 年），又名松平慶永，是江戶時代後期的大名，第十六代越前福井藩主，也是明治時期的政治家田安德川家第三代當主德川齊匡的八子、松平齊善的養子。

松平永芳之父松平慶民，生於 1882 年（明治十五年），1948 年（昭和二十三年）逝世，為大正、昭和時期的宮內廳官僚，是最後的宮內大臣和初代宮內府長官、子爵。松平永芳的母親是男爵新田忠純的四女，妻子充子為侍從武官、侯爵醍醐忠重（海軍中將）的二女兒。

松平永芳雖然出身於貴族，可以算作「諸侯華族」，但是他沒有進皇族和貴族子弟學校學習院，而是進了天主教學校曉星中學，後進入海軍機關學校（第 45 期生），畢業後入帝國海軍，1944 年 10 月晉陞為少校。日本戰敗以後，他作為日本駐越南西貢的海軍部部長，從事戰後處理，在 1946 年 7 月帶領 47 名海軍部職員，乘最後的復員船返回日本。松平永芳戰後參加陸上自衛隊，1968 年復員後擔任家鄉福井市立鄉土歷史博物館館長。

松平永芳本人並沒有受過神職教育，但是在 1978 年，靖國神社的最高負責人去世以後，他在同鄉、原日本最高法院長官（最高法院的負責人）石田和外的強力推薦下，成了靖國神社的

宮司（最高負責人），因此可以說是一個「外行」。他曾說：「我是『沒有執照的宮司』，但是祭奠的禮法都是固定的，學起來也不難，至於神社裡的服裝，那也是我們的祖先在幾百年前所穿的服裝樣式，也沒有什麼不習慣的。」[9]

1992 年，日本雜誌《諸君》刊登了松平永芳的一篇題為〈「靖國」服務 14 年的遺憾〉的文章，他在這篇文章中寫道：

> 我在就任前就一直考慮，只要不否定「一切都是日本的不好」這種東京審判的歷史觀，日本的精神就不能復興。因此我一就任就開始查閱各種文件和信奉者代表會議記錄，發現在數年前，靖國崇信者總代會曾提出過「到底甲級應該怎麼辦」的問題。其實合祀是已經定下來的事情，只是一直存放在宮司那裡。我在 1978 年（昭和五十三年）就任，每年 10 月，有一次合祀祭。合祀的時候，過去是要事先上奏天皇的，請天皇裁定，現在在習慣上也把上奏簿拿到皇居去。因為要作成這樣的文件，所以快到 9 月份的時候，我問擔當這方面工作的人：「還來得及嗎？」，他說「還來得及。」於是我下了決心，在一千幾百柱（日本神社數神時的單位是「柱」），加進了十四柱，就是在巢鴨[10]被處絞刑的東條英機（原首相、陸軍大將，原文註，以下同）、板垣征十郎、土肥原賢二、松井石根、木村兵太郎（以上均為陸軍大將）、武藤章（陸軍中將）、廣田弘毅（原首相）七柱。還有那些身陷囹圄和未等到判決就已經身亡的梅津美治郎（陸軍大將）、小磯國昭（原首相、陸軍大

將）、永野修身（元帥、海軍大將）、平沼騏一郎（原首相）、松岡洋右（原外相）、東鄉茂德（原外相）、白鳥敏夫（原駐意大利大使），加在一起共十四柱。

合祀的根據很明白。1945 年（昭和二十年）8 月 15 日，根據天皇陛下的命令，我們停止了一切交戰行為，但是也有文件寫明：「如果對方攻打過來可以反擊」，蘇聯在 8 月 15 日以後攻入千島列島，日本方面曾經應戰，那時有許多人戰死。

9 月 2 日在密西西比號戰艦上簽字，開始了佔領行政。而在 1951 年（昭和二十六年）9 月 8 日，在舊金山簽訂了和平條約，條約生效是在第二年，也就是 1952 年（昭和二十七年）的 4 月 28 日，天長節 [11] 的前一天。

因此，日本與美國及其他國家完全停止戰爭狀態，在國際法上來講是在 1952 年的 4 月 28 日以後。在這樣的戰爭狀態中進行的東京審判，是軍事審判，是在戰爭狀態之中被敵人殺害的，因此我覺得在戰場中死去的人和被處刑的人是一樣的。

在第二年，也就是 1953 年的 16 屆國會上，超黨派議員們提出並通過了援護法 [12] 部分修改法案。這以後，厚生省發出了通知，說所有作為戰犯的死亡者，都與一般戰歿者進行完全相同的處理，請馬上辦理手續。[13]

上文所提到的靖國崇信者總代會，是具有宮司選任權的靖國神社的諮詢機構，由十人構成。據日本學者秦郁彥的文章〈靖國

神社「鎮靈社」的推理〉：

> 靖國崇信者總代會共由十人構成，後來被監禁或服刑三
> 至十年後釋放的東條內閣的閣僚、甲級戰犯們也參加了進來，
> 其中有原大東亞大臣青木一男（甲級戰犯涉嫌者，本書作者
> 註）、原大藏大臣賀屋興宣（甲級戰犯、戰後任法務大臣，本
> 書作者註）。
>
> 在這以前，合祀乙、丙級戰犯的時候，在靖國崇信者總
> 代會可能就討論過合祀甲級戰犯的事。在昭和四十五年（1970
> 年）6 月的靖國崇信者總代會，得出應該合祀的結論。根據
> 已故天皇的侍衛長德川義寬的回憶錄（《侍衛長的遺言》，
> 1997），當時強硬主張合祀的是青木一男，他逼迫地說：「不合
> 祀就是承認東京審判的結果。」「不合祀戰爭的責任者，神社
> 的責任很重大。」
>
> 雖然原東京都長官飯沼一省主張慎重處理，但是築波宮司
> 說：「服從你們的方針，但是需要慎重考慮合祀的時期。」[14]

而松平永芳的文章接着說：

> 在連國際法都不承認的東京審判中被處刑的各位，在國內
> 法中與一般戰歿者進行相同的處理，這是政府公文通知下來的
> 事情，因此合祀沒有什麼不妥當的，毋寧說如果不進行合祀，
> 那是靖國神社的僭越，那就產生了對祭神進行人物評價，然後
> 決定是祀與不祀的問題。

用政府的說法，被作為戰犯而處刑的人，是「法務死亡者」，而歷來有「維新殉難者」、「幕末殉難者」的說法，因此那時我下達了宮司通知，將被作為戰犯而處刑的人稱為「昭和殉難者」。

在合祀這十四柱當時，如果事前將消息洩漏出去，就會產生很大的騷動，但合祀以後如果什麼都不說，也會有人抱怨，因此在合祀翌日的秋季例行大祭的當日祭那天和當日祭的第二天，向遺屬各位報告了這件事。[15]

......

過了半個月以後，向遺屬各位發出了希望全體遺屬升殿、參拜的通知，遺屬各位都一起來參拜了。那時報紙都不知道這件事情，什麼騷動都沒有。在半年後的春季例行大祭之前，伴隨着基督教首相大平正芳的參拜，所謂甲級合祀被媒體大大報道，引起了很大的騷動。[16]

按照松平永芳的說法，他將甲級戰犯合祀，只不過是按照厚生省的通知辦而已，沒有什麼不妥當的，而將甲級戰犯合祀，究竟是政府行為還是靖國神社獨斷的行為，在輿論界和學術界一直存在很大的爭論。

2007 年，日本國立國會圖書館 [17] 公佈了一份《新編靖國神社問題資料集》，此次公佈的資料顯示，在靖國神社合祀「戰歿者」問題上，原厚生省在 1956 年制定了一份提綱，之後原厚生省與

靖國神社方面頻繁接觸協商，在決定合祀對象和實現合祀問題上發揮了重要作用。1969 年，原厚生省已知曉靖國神社有合祀甲級戰犯的意向，並於同年與靖國神社舉行會議，認可了合祀甲級戰犯的名單。在記載這次會議內容的文件上，雙方還約定「避免對外公開」。

當時的日本首相安倍晉三，在是年 3 月 29 日在首相官邸就上述問題答記者問時表示，原厚生省只不過是應靖國神社要求出具相關資料而已，不存在什麼問題。內閣官房長官鹽崎恭久也辯解說，當時的厚生省掌握原日本軍隊人事資料，他們只是在履行「日常職責」，「至於祭祀誰，或不祭祀誰，這是神社的決定」。鹽崎說，「最終決定權在神社手中，政府沒有施加任何強制性壓力。」

而據秦郁彥的文章：

> 日本政府與《舊金山和約》的當事國（原同盟國）就戰犯們的假釋進行交涉，1956 年 3 月，最後留在獄中的甲級戰犯出獄，乙、丙級戰犯則在 1958 年 5 月出獄，而對於被處刑（被稱為「法務死」）的遺屬的養老金和扶助金的支付，也在立法府超黨派議員組織的推動下，作為援護政策的一環，早在 1953 到 1954 年就已經開始了。

> 這些事情被看做戰犯在法律上的復權，因此從 1959 年開始進行靖國合祀，而在「合祀基準」的擴大方面，實質上主導厚生省返回援護局的原軍人集團發揮了很大作用。

而其中心人物是戰後約二十年裡歷任課長、副局長的原陸軍大校美山要藏（原大本營課長、終戰時任陸軍省高級副官）、原中校板垣徹（終戰時為東部軍參謀）、原中校大野克一等，他們把原將校、下級軍官、戰爭未亡人集中起來作為自己的部下，在厚生省內形成了一個特別的部門。只有局長是厚生省的職業官僚，但只不過是一個牌位，而實際的工作幾乎都任憑原軍人集團去做。

　　在這些人中，從 1954 年到 1962 年近十年裡擔任副局長的原大校美山，據說是東條英機首相兼陸軍大臣的直系，同時還曾是管理靖國神社的陸軍省的副官，因此他是站在否定東京審判的歷史觀的原陸軍人員的意識形態上辦事的。

　　這樣，在乙、丙級戰犯的合祀順利通過以後，他們意氣風發，開始着手合祀甲級戰犯的手續，而且他們忽視了一個政治上的障礙，就是國內的反對呼聲。可能事務級的手續也得到了通過，於是在 1966 年 2 月 8 日，厚生省以援護局調查課長（大野克一）的名義，將甲級戰犯的「祭神名票」，送到了靖國神社。[18]

　　可以說，厚生省確為靖國神社合祀甲級戰犯一直在提供方便，在法律上也為合祀提供了新的法律依據。但是當時的靖國神社已是「獨立的宗教法人」，政府不能強迫它接受自己的意志，因此，希望實現合祀甲級戰犯的議員們連續五次向國會提出了

「靖國神社國營化」的法案，但由於各方力量的強烈反對，五次均遭挫敗。

因此究竟是否合祀甲級戰犯，靖國神社的宮司還是有決定權的。

在松平永芳任靖國神社宮司第六代宮司之前，是築波藤麿任第五代宮司。

築波藤麿（1905-1978 年）是日本皇族，原名藤麿王，遠祖為日本南北朝（1336-1392 年）時代北朝第三代天皇崇光天皇的皇子榮仁親王，為日本南北朝時代兩大皇統之一持明院統的嫡流，領地為山城國（推定為現在的京都府木津川市）伏見御領。榮仁親王的王子世襲親王之位，為第三代貞成親王，被稱為「伏見宮」。三代貞成親王的第一王子作為後花園天皇即位，第二王子世襲第四代貞成親王之位，並從哥哥後花園天皇那裡得到稱為「伏見殿」的敕許，此後代代承襲「伏見宮」之稱號。伏見宮第十九代伏見宮貞敬親王（1776-1841 年）第九王子守修親王創設「梨本宮」宮家，伏見宮貞敬親王的第一王子伏見宮邦家親王世襲伏見宮第二十代至二十三代親王（1802-1872 年），其長子山階宮晃親王的第一王子為山階宮菊麿王，山階宮菊麿王與後妻常子的第一王子為築波藤麿。

築波藤麿少時因身體虛弱，沒有像一般的皇族那樣成為軍人，而是入東京帝國大學師從著名日本史學家黑板勝美學習日本歷史。1925 年作為皇族就任貴族院議員。大學畢業後不久的

1928 年 7 月，他自願脫離皇籍，賜姓「築波」，被封為侯爵。築波藤麿畢業後對史學的興趣仍然不減，並在東京代代木的家裡成立「築波歷史研究室」，每年都出版史學文獻目錄《國史學界》。

從 1946 年到 1978 年，他擔任靖國神社宮司，當時靖國神社靖國崇信者總代會提出甲級戰犯合祀的問題，厚生省也已經認可，但是築波藤麿覺得對於什麼時候合祀，應該根據具體情況慎重對待，因此在他任期間甲級戰犯一直沒有合祀。

根據天皇的侍從長德川義寬所著《侍從長遺言》一書，以往的合祀，都向皇宮報告。但是松平永芳在 1978 年的合祀，沒有向宮中報告，完全是秘密進行的，昭和天皇也是後來從報紙上知道的[19]。而從松平永芳〈「靖國」服務十四年的遺憾〉這篇文章來看，松平永芳合祀甲級戰犯的動機基本上是出於政治和歷史觀上的考慮，而不是出於傳統與文化上的思考。那麼如果天皇繼續參拜，就是在松平永芳充滿了政治與歷史觀動機上的參拜，必然要面對回答對戰爭評價的問題，第二就是要捲入政治的爭論之中，這都是作為「日本國和日本國民統一的象徵」的天皇不可參與，也不願參與的事情，因此他必須迴避。

靖國神社自身的矛盾

日本著名文化學者、哲學家梅原猛指出：

> 靖國神社在很大程度上，脫離了傳統的神道，如果以《古事記》中的神道為（日本的）傳統神道的話，則《古事記》中的神道是由祭祀自己（日本皇族）的祖先天照大神的伊勢神宮和祭祀被天照大神的子孫所滅的大國主命的出雲大社這兩個神社構成，而出雲大社比伊勢神宮還要大。為在自己奪權時所滅掉的人們鎮魂的神社，要建得比自己祖先的神社大——這才是日本的傳統。在抗擊元寇之戰以後，鎌倉建立了祭祀元朝戰死者的寺廟，就是豐臣秀吉那個時候，也為在朝鮮被（日本軍隊）殺害的朝鮮人建立了耳塚。對於在二戰中死去的人們也應該如此。在中國和韓國等地，由於日本的侵略而犧牲的人是日本犧牲者的五倍以上，而東亞犧牲的人加起來要超過一千萬人。如果按照傳統的神道，對這些人的靈魂是應該厚祭的，而不對這些人進行祭奠，而只祭自己國家的死者，難道是合理的嗎？這是和傳統的神道相悖的。[20]

截至 2006 年，靖國神社祭祀着約二百多萬名在戊辰戰爭以來歷次戰爭中為日本政府（或者天皇）戰死的人（不包含幕府、

西鄉隆盛勢力的戰死者），其中不僅僅包括軍人，還有從軍護士、在軍需工廠勞動時死去的學生、軍屬、文官、民間人士、原來日本殖民地台灣、朝鮮出身的徵兵入伍者、被蘇軍帶到西伯利亞以後死亡的日本人以及在遠東審判後被執行死刑的戰犯等。

但是由於靖國神社的定位從開始就是「為國而戰的殉死者」，因此長期以來一直不去供奉與明治以後的日本政府相對抗的人。如西鄉隆盛雖是明治維新的開國功臣，但是由於發動西南戰爭，與明治政府對戰，因此不能供奉；白虎隊雖然被日本人奉為神靈，其英勇抗爭的精神代代傳頌，但也由於是與明治政權對抗的力量，也不能供奉。明治時代大將乃木希典因日俄戰爭攻克旅順口成名，在二戰前被多數日本人奉為「軍神」，明治天皇殯葬之日，他和妻子雙雙自殉，雖是忠君壯烈，但由於不是死於戰爭，不能供奉在靖國神社。1902 年 1 月，為了準備與俄國在極寒地帶作戰，日軍在青森縣中部的八甲田山進行耐寒訓練，第八師團有 210 多名官兵遭遇雪崩，其中 199 名死亡，這也是日本軍事歷史上罕見的慘事之一，但是由於不是在戰爭中而死，也不能供奉在靖國神社。東京大空襲和原子彈爆炸的受害者也不能進靖國神社，當然如梅原猛所說，由於日本的侵略而犧牲的東亞一千多萬人（此數字為梅原猛原文數字）不能供奉在靖國神社，現在在訓練中死去的自衛隊員也不能供奉在靖國神社本殿。

日本的神社原本各自具有不同的特點，供奉的神靈各有不同。靖國神社在戰前也沒有人提出質疑，但是在戰後，作為一個

（上）鎮靈社。
（下）鎮靈社的說明牌。

以是否死於戰爭及戰爭中的敵我為明確分界線而決定供奉與不供奉標準的靖國神社，其內在矛盾就顯現了出來。因為日本的「為國而戰」之戰，被定義為非正義戰爭，為非正義的戰爭而死的人，究竟值不值得供奉，如果從日本的「死者無罪」、「死者即佛」、「怨靈信仰」等文化傳統出發，當然是可以供奉的，但是這樣就凸顯出了梅原猛所指出的那種「脫離傳統的神道」的矛盾。

作為皇族出身，並對日本歷史、日本文化史有着深入研究的宮司築波藤麿，不能不深切地感受到這種矛盾，他也為消除這種矛盾進行了相當的努力。

1965 年 7 月，也就是在靖國神社建立約一百年後，在當時擔任宮司的築波藤麿的提議下，在靖國神社本殿以外又建立了一個「鎮靈社」，對從嘉永六年（1853 年）以來，在戰爭和事變中死去但並未供奉在靖國神社內的人們進行供奉，也供奉外國的戰爭死難者。這是一個十平方米左右的極小的神社，屋頂與本殿一樣都是淺綠色，鎮靈社前面立着這樣一個標牌，介紹了鎮靈社的由來：「為了對因明治維新以來的戰爭和事變而死去，但未供奉在靖國神社內的人們進行慰靈，在昭和四十年（1965 年）7 月建立，同時還供奉着世界各國的戰死者。例行祭日為 7 月 13 日。」從鎮靈社建立的 1965 年開始到 1978 年，甲級戰犯也一直被供奉在鎮靈社裡。

秦郁彥在前述文章中指出：「雖然築波藤麿說他會尋找時機將甲級戰犯在靖國神社合祀，但我推定他並不想合祀，其原因就

是有鎮靈社這個『分社』的存在。」秦郁彥認為築波藤麿建立鎮靈社，就是想為甲級戰犯的「怨靈」找一個「存身之所」。

他曾問過當時輔佐築波的禰宜（中級神官）木山照道，築波建立鎮靈社是否是這個意思，木山開始否定，但是後來承認，從 1965 年一直到甲級戰犯在靖國神社本殿合祀的 1978 年以前，甲級戰犯一直被供奉在鎮靈社裡。[21]

對於秦郁彥的看法，筆者不敢苟同，筆者認為這是築波為使靖國神社回歸傳統神道精神（不是形式上的回歸，神道中雖然一般沒有祭奠不特定的多數的慣例，但是其基本精神是在祭祀上不分敵我，怨親平等）的一種努力。出身皇族的築波藤麿代表的是日本的王朝文化，他有回歸王朝神道的意志；而出身武家，又當過帝國軍官的松平永芳代表着現代的武家——帝國軍人的意志，他有意強化靖國神社的矛盾，這不僅僅表現在他對甲級戰犯的合祀這一行動上，更體現在他對合祀的解釋之上。

美國為什麼對安倍參拜靖國神社「感到失望」？

2013 年 12 月 26 日，日本首相安倍晉三參拜了靖國神社，遭到了中韓兩國的強烈抗議，而意外的是美駐日使館也發表聲明說：美國政府對此感到失望。美方認為，安倍參拜之舉可能「激化與鄰國的緊張局勢」。美國清楚地知道，安倍的和小泉完全不同。

首先是他們的歷史觀不同。從前文的論述我們可以知道，小泉的歷史觀完全是自由主義的。而安倍與他不同，安倍兩次擔任首相，擔任首相後，到目前為止只參拜過一次，但不擔任首相時，他是經常參拜的。在任自民黨幹事長的 2004 年，擔任自民黨幹事長代理的 2005 年，他都在 8 月 15 日參拜了靖國神社，2006 年任內閣官房長官時，於 2006 年 4 月 15 日秘密參拜，在當選自民黨總裁後的 2013 年的「秋大祭」中，他再次參拜。

安倍一貫認為首相和日本閣僚參拜靖國神社，向「為國家英勇戰鬥而犧牲的英靈表示崇敬」是「理所當然」的，並為 2006 年至 2007 年任首相期間沒有參拜靖國神社而「悔恨至極」。

從上面的論述我們也可以知道，小泉的參拜是以承認甲級戰犯是「戰爭罪犯」為前提進行參拜的，但是安倍是以否定甲級戰犯是「戰爭罪犯」為前提進行參拜的。

安倍對美國主導的東京審判，一直持懷疑和否定態度，2006年 10 月 6 日，他在眾議院預算委員會上有關甲級戰犯的答辯中，修正了前首相小泉有關甲級戰犯是「戰爭罪犯」的定義，說甲級戰犯「在國內法上不是戰爭罪犯」。他在 2013 年 3 月 12 日的眾議院預算委員會會議上說：在東京審判中，「對大戰所做的結論，不是日本人做出的，而是根據聯合國方面的勝者的判斷而斷罪的」。

根據美國國務及陸海軍協調委員會（SWNCC）在 1945 年所發表的文件，以美國為首的聯合國佔領日本的「終極目的」之一，就是「日本確實不會再次成為美國及世界和平的威脅」。而安倍對此敢於「叫板」，在 2014 年 1 月 1 日安倍發表新年感言，稱到 2020 年東京夏季奧運會舉辦時，他預測日本戰後和平憲法或將被「修改」。而修改和平憲法的理由，安倍早已明確說過，他在 2006 年出版的著作《走向美麗之國》中說：

　　佔領軍的最高司令麥克阿瑟在戰敗國日本制定憲法之際，提出了天皇存續、廢除封建制、永遠放棄戰爭三原則。這裡面最濃重表現當時美國對日本姿態的，是憲法第 9 條「放棄戰爭」，美國為了維護自己的利益和聯合國的利益，懷著「日本不能再次挑戰以歐美為中心的秩序」的強烈意志，作為一個代表者，完成了憲法草案的作成。

他認為憲法前言中有「作為戰敗國向聯合國謝罪之佐證的宣

言」，有些話「聽起來在鏗鏘有力地表決心，實際上是努力去得到列強各國的褒獎」，「一副卑謙猥瑣的樣子」。[22]

安倍雖然年紀不大，但是在思想深處，充滿了對戰前日本的「鄉愁」。2013 年 4 月 28 日，在安倍內閣的策劃下，舉行了首次「恢復主權、回歸國際社會」的紀念日。也就是 1952 年 4 月 28 日，日本與以美國為首的四十九個國家片面講和的《舊金山和平條約》生效日。這一天也意味着，戰敗國日本結束了長達 7 年的被「盟軍」佔領與統治。對於為什麼安倍政權要紀念「恢復主權日」，他給出的理由是年輕人「不知曉日本曾被佔領七年、喪失主權這段歷史的年輕人越來越多」。輿論普遍認為，安倍的動機是要通過紀念「恢復主權」，為修改戰後和平憲法建立「由日本人自己制定的憲法」做輿論準備。

安倍這種「鄉愁」和既反美又反華、反韓的「新右翼」石原慎太郎一脈相通。1968 年 10 月 23 日，是明治維新 100 週年（明治年號開始後 100 週年），日本在東京的日本武道館舉行盛大的紀念慶典，當時的佐藤榮作首相和昭和天皇夫婦出席紀念慶典。當天皇、皇后退席時，會場上不知是誰突然喊道：「天皇陛下萬歲」，於是整個會場一起呼應。在場的石原慎太郎為此激動不已，他寫道：

> 這真是令人感動而難忘的「天皇陛下萬歲」，如果在這樣的會場，恐怕沒有一個日本人會不一起呼喊起來，這並不僅僅是為天皇祝壽，這是突然落在我們身上的熱切的回顧與確認。

我們呼喊着「天皇陛下萬歲」，就會突然想起我們正在忘記的往昔，並為此在悄然的靜謐中狂熱。

在這樣的瞬間，我們會凝神思索：「啊，我們曾經就是這樣的，我們曾有過這樣的紐帶」，無論是誰，都會深切地感到這一點，這是對國家與民族的實存充滿狂熱與激動的再確認。[23]

美國議會調查局 2014 年 3 月發表了一份有關美日關係的最新報告，在承認日本為「不可代替的同盟國」的同時，擔心安倍的歷史觀會與美國人的想法發生衝突。美國議會調查局報告是總結有關外交關係等問題的最新信息並加以分析的文件，是美國國會議員進行政策判斷的參考文件。報告書指出：安倍不顧美國的建議，突然參拜靖國神社，很可能損害美日兩國的相互信賴關係。安倍首相的歷史觀，有與美國人有關二戰及二戰後對日本的佔領的想法發生衝突的危險。

其次，安倍的價值觀與美國完全不同，也與小泉不同。在小泉任首相期間，沒有因慰安婦問題和鄰國爭吵，而兩次安倍政權，都為此和鄰國爭吵不休，在美國看來，慰安婦問題不僅是一個歷史問題，更是一個價值觀和人權問題。[24]

2006 年安倍出任首相後，日本否認慰安婦問題的暗流漸成高潮。美國本希望作為同盟國的日本，也能在價值觀上和美國一致，並以尊重人權的「普世價值觀」影響中國等周邊國家，沒想到日本現政權不僅早就忘了自己作為民主國家的這一責任，而且

死死抱住踐踏人權的歷史觀和價值觀不放，並為此和周邊國家糾紛不斷，這使美國非常失望。

第三，安倍政權不像小泉政權，在外交步調上和美國保持一致，而是經常只打自己的「小算盤」。2001 年 9 月，美國遭受恐怖襲擊，2001 年 10 月 8 日，美國對阿富汗開戰，小泉政權毫不猶豫支持美國的反恐戰爭，並盡一切可能給予援助，而安倍卻完全不是這個樣子。

2013 年，發生敘利亞化武危機，美國在 2013 年 9 月要對俄國支持的敘利亞政府進行武力攻擊。奧巴馬多次和安倍舉行電話會談，要求日本支持美國，但遭安倍斷然拒絕。在美國的反覆要求下，日美首腦在俄羅斯聖彼得堡召開的 G20 峰會上舉行會談，奧巴馬面對面請求安倍支持，但安倍仍然吞吞吐吐，使美國在全世界失了面子，而安倍暗地裡卻和普京眉來眼去，換取了俄羅斯支持日本主辦 2020 年奧運會的「大禮」。

第四，美國希望對崛起的中國採取「再平衡」的政策，一方面希望中國成為「有責任的利害相關者」（responsiblestakeholder），一方面希望美日韓聯手制衡中國，使中國不至於「尢而為害」。而安倍政權早已忘記了使中國成為「有責任的利害相關者」的目標，一味為自己的利益和中國對抗，並且以參拜靖國神社等刺激中韓，促成中韓戰略性接近，這些都是和美國的利益背道而馳的。

為此，美國在安倍任首相後第一次參拜靖國神社時，不得不

說話了，以防止安倍政權繼續誘導日本民情與輿論，把日本「新右翼」的目標貫徹到底——透過反華、反韓，繼而反美。

但是也必須注意到，與歷代首相參拜靖國神社所不同的是，安倍這次也參拜了靖國神社內的鎮靈社，他在參拜後所發表的談話中說：

> 本日，我參拜了靖國神社，對為國而戰，犧牲了尊貴生命的英靈們，獻上了誠摯的哀悼與尊崇之念，請英靈們安息並為他們祈禱冥福。同時，我也參拜並祭奠在戰爭中而亡，而且沒有合祀在靖國神社的國內及諸外國的人們的鎮靈社。

2014 年 1 月 22 日，安倍在瑞士達沃斯舉行的第 44 屆世界經濟論壇年會的記者會上，與參加年會的各國媒體記者對話，有中國記者問他：你是否認為戰犯是英雄？安倍回答說：我參拜靖國神社並不是為了讚揚所謂的甲級戰犯，那裡沒有英雄，只有在戰爭中倒下的人們的靈魂。我沒有憎恨也沒有敵意，更不想侮辱他人。只是想安慰那些靈魂，對他們表示感謝，向為國而戰的人合掌，這是世界的領導人共同的姿態。我希望建立一個人們不再為戰爭的慘禍而痛苦的世界。這就使他的參拜表現出了一種矛盾：他的參拜是「松平永芳式」的，同時也帶有了「築波藤麿式」的傳統色彩。

需要說明的是，美國對安倍參拜靖國神社表示失望，主要是從美國整體的歷史觀、價值觀和東亞戰略着眼而做出的發言，而

不是對參拜靖國神社這件事本身的否定。

2014 年 1 月 23 日，美國《華爾街日報》報道說：「美國私下要求日本首相安倍晉三不再參拜靖國神社做出保證。」但是美國國務院發言人珍‧普薩基在 2014 年 1 月 27 日的記者會見上否認了這一報道。她說：美國希望日本與周邊國家在敏感問題上通過建設性的對話解決糾紛，但是說「美國私下要求日本首相安倍晉三不再參拜靖國神社做出保證」這種消息是不正確的。

靖國神社問題的本質

靖國神社自從合祀了甲級戰犯以後，就成為了一個極其複雜的「世界性符號」。它所象徵的內容在各個民族、各個國家站在各自立場的不同解讀中變得無限複雜：它源於日本的神道傳統，又脫離這個傳統；它本是戰死之靈安息的殿宇，卻又每年都傳出讚美戰爭的叫囂；它是現代日本奠基志士們的歸鄉，也是給亞洲億萬人民帶來慘禍的侵略者的陵墓。靖國神社高聳入雲的鳥居，凝結着日本人鄉愁、敬仰與哀怨；也牽動着亞洲人民恐懼、憤怒

與驚愕，千百萬日本百姓誠惶誠恐的敬禮，觸動着亞洲被侵略人民心中將癒未癒的傷口，身居高位的閣僚畢恭畢敬的參拜，刺痛着曾在日軍的鐵蹄下體無完膚的自尊。

靖國神社是一個矛盾，一種糾結，一則隱喻，一段歷史。以中國為首的各國人民的抗議、怒吼、遊行，都沒有阻止日本人對它的崇敬與參拜，年年月月，絡繹不絕……

日本時事通信社 2013 年 1 月 11 日到 1 月 14 日圍繞首相參拜靖國神社問題做了抽樣調查，結果表明，認為首相應該參拜的為 56.7%；認為不應該參拜的僅為 26.6%。

儘管確實有人賦予了靖國神社否定侵略戰爭，否定東京審判的寓意，它自身也確實包含着有悖於日本傳統的矛盾。但是在普通的日本民眾心裡，它是一種文化，和日本古老的神道息息相通；它是一種情思，和代代相傳的生死情懷血脈相連。靖國神社與中國的衝突，在最深的底層，仍是一種文化衝突。

靖國神社所供奉的是怨靈，是一千二百多年前最澄在〈長講法華經先分發願文〉中所說的「結怨恆死者」，不論他們有過什麼樣的罪行，在日本人看來，都需要以最高的禮儀供奉，因為對怨靈的鎮魂，是國泰民安的保證。而中國人認為：怨靈是厲鬼，如遷怒他人，施以加害，難逃果報。

靖國神社所供奉的是祖靈，在日本人看來，不安定「死靈」或曰「荒靈」，經過一定年數的供奉逐漸失去個性，成為完全失去了個性宏大無邊的「善靈」，即「祖靈」的一部分。參拜與祭

祀本身，就是向民族一體感的全方位回歸的過程，因此不能「分祀」。而在中國人看來，「蓋棺論定」，一個作惡的人，如果不在生前贖罪，最後作為一個惡人死去，就將萬劫不復。死，不是一個由惡到善的轉折點，而是「蓋棺論定」之結論的延續，死，不能使惡人擺脫罪與罰，因此與死的祭奠相比，中國人更重視生的寬容。

靖國神社所供奉的又是佛靈，在日本人看來，死者與佛是同格，他們把死者稱為「佛」，他們把獻在墓前的花稱為「佛花」，把供奉死者的牌位成為「佛龕」，「連善人都能成佛，更何況惡人」？死不僅是一種全方位的肯定，更是一種無限的昇華，這種昇華接納了一切死者。而在中國人看來，作惡至死，是絕不能成佛的，而只能接受永遠的審判與追究。

而這種文化衝突是怎樣引起的呢？在甲級戰犯合祀之前，以天皇為首的日本政要及普通百姓都參拜靖國神社，世界上沒有任何國家提出異議。但在加入了靖國崇信者總代會的原甲級戰犯賀屋興宣、甲級戰犯涉嫌者青木一男等人之後，在原海軍少校松平永芳懷着明確的政治目的主持之下，靖國神社合祀了甲級戰犯。政治綁架了文化，政治觸發了文化的衝突。而日本某些政治家進一步利用這種被綁架了的文化拉選票並將其作為與被侵略的亞洲國家對抗的武器的做法，進一步使文化的衝突彌深彌廣，也由於文化之中具有了堅硬的政治內核，使文化衝突難以在文化的交流中得以化解，陷入文化之衝突難以還原為文化的二律背反。

註釋

1. 后稷：周的始祖，名棄，出生於稷山（今山西運城稷山縣），是中國傳統史籍記載的周族姬姓始祖，又稱稷或周棄，被周人崇為稷神，以郊禮祭祀，曾經被堯舉為「農師」。據《詩經‧魯頌‧閟宮》的說法，后稷之「奄有下土」是「纘禹之緒」，即「禹治洪水既平，后稷乃始播百穀。」意指后稷是在禹治理洪水後，播百穀領導農業生產。

2. 戊辰戰爭：1868-1869 年，（慶應四年 / 明治元年 — 明治二年）是日本歷史上在王政復古中成立的明治新政府擊敗江戶幕府勢力的一次內戰。

3. 木村正義：〈靖國神社和帕德利克‧皮特神父〉，社報《靖國》昭和五十六年 7 月號、名越二荒之助《被世界打開的昭和戰爭紀念館》，第 3 卷，「大東亞戰爭秘話」，展轉社（『世界に開かれた昭和の戰爭紀念館』〈第 3 卷〉、大東亞戰爭の秘話、展轉社），1999 年。

4. 新野哲也：《日本人與靖國神社》，光人社，2003 年，頁 38。

5. 據《丁福保佛學大詞典》，地鎮式也稱為「地鎮法」、「地堅法」。據《陀羅尼集經》卷十二載，於築壇建堂前，先用繩訂定道場之四角及中央，再以白粉點之為記，次於各點處掘一孔洞，埋入七寶（金、銀、真珠、珊瑚、琥珀、水晶、琉璃）、五穀（大麥、小麥、稻穀、小豆、胡麻），以比擬佛轉法輪處之意。關於埋藏之寶物，據《蕤呬耶經》卷上舉出五寶、五藥、五穀等十五物，唯埋藏於道場之中央處。另據《大日經疏》卷四舉出五藥、五寶等十物，亦唯埋藏於中央處。

6. 財團法人世界和平研究所編：《中曾根內閣史》（『中曾根內閣史』）。

http://www.avis.ne.jp/~nihao/nakasone-koyohou-syokan.htm

7 同註 6。

8 中曾根康弘:《天地有情——談戰後五十年的政治》(『天地有情——五十年の戰後政治を語る』),文藝春秋,1996 年,頁 463。

9 《諸君》,1992 年 12 月號,頁 165。

10 指巢鴨監獄,位於日本東京都豐島區的東池袋,因曾羈押過第二次世界大戰的甲級戰犯而聞名於世。今已拆除,不復存在。

11 天長節:原為陰曆八月初五,起源於中國,是唐玄宗李隆基的生日。唐開元十七年(729 年),改稱「千秋節」,天寶七年(748 年),改為「天長節」。在日本天長節為天皇生日儀式的原稱,從奈良時代光仁天皇開始,二戰後廢止。

12 全稱《負傷病者陣亡者遺屬等援護法》。

13 松平永芳:《諸君》,1992 年 12 月號,頁 166-167。

14 秦郁彥:〈靖國神社「鎮靈社」的推理〉,《文藝春秋》(文芸春秋),2001 年 11 月號,頁 353。

15 同註 13 引文,頁 167。

16 同註 13 引文,頁 168。

17 日本國立國會圖書館從 2006 年開始收集有關靖國神社的資料,靖國神社向該館提供了此前未曾公開過的收藏資料,以及原厚生省與靖國神社合作的資料,共計 808 件。

18 同註 14 引文,頁 352-353。

19 河上民雄等編:《從海峽兩岸思考靖國神社》,2006 年,ORUTA 出版

室，頁 51。

[20] 《世界》，岩波書店（『世界』、岩波書店）2004 年 9 月號，頁 73。

[21] 同註 14 引文，頁 353-354。

[22] 安倍晉三：《走向美麗之國》，文藝春秋（『美しい日本へ』、文芸春秋），2006 年，頁 121-122。

[23] 石原慎太郎：《國家的幻影——追溯我的政治生涯》，文藝春秋（『國家る幻影－わが政治への反回想』、文芸春秋），1999 年，頁 122-123。

[24] 美國於 2014 年 1 月通過了有關促使日本遵守美國於 2007 年在眾議院通過的《慰安婦問題決議案》的相關法案，該法案要求美國國務卿敦促日本政府解決慰安婦問題懸案。

美國議會通過有關譴責日本在慰安婦問題上的對應的法案，早在 2007 年就已經通過，而促進這一法案通過的，正是美國日裔民主黨眾議員邁克爾‧實‧本田（Michael Makoto Honda）。

1999 年前後，日本再次湧動修改歷史教科書、否定侵略歷史的暗流。時任文部大臣的町村信孝稱，歷史教科書「否定明治以後日本歷史的地方太多」。文部省 1999 年 1 月向教科書出版社施壓，當年便有數家出版商在對「慰安婦」的表述中刪除了「從軍」、「強制」等詞句。

安倍於 2007 年 3 月 1 日表示，沒有證據證明日本在二戰期間曾強徵「慰安婦」，是年 3 月 5 日，安倍又聲稱，即使美國眾議院通過譴責日本在二戰時期徵用「慰安婦」的決議案，日本也不會對此問題再進行道歉。

本田反駁安倍說，日本在隨軍「慰安婦」問題上犯下了罪行是客

觀史實。不容否認的歷史記錄、「慰安婦」受害者在美國國會所做的證詞，以及前日本官房長官河野洋平所做的道歉，都明確無誤證實日本軍隊在二戰期間曾強迫二十多萬婦女充當性奴隸。

本田於 2007 年 1 月 30 日，正式向美國眾議院外交事務委員會提交編號為「H. Res. 121」的「慰安婦」決議案，要求日本正式承認「慰安婦」問題，道歉並承擔歷史責任。美眾議院正式會議在 2007 年 7 月 30 日以口頭表決方式，一致通過了一項譴責日本在二戰期間強徵亞洲其他國家婦女充當日軍慰安婦，並要求日本政府進行正式道歉的議案。

而 2012 年左右，否定慰安婦問題又掀高潮。日本右翼媒體人士櫻井良子所在的歷史事實委員會與 39 名日本國會議員一同在美國新澤西州當地報紙 *Star Ledger* 上刊登了題為「我們記得事實」的廣告，否定慰安婦問題。

日本文部科學大臣下村博文最近一直宣揚要再次修改教科書，而自民黨在 1 月 19 日通過的 2014 年運動方針中，明確地提出，將繼續把「脫自虐史觀」的教育再生作為政策重點，所謂「脫自虐史觀」的中心內容之一，就是否定日軍曾強徵慰安婦。

這些動向促使美國眾、參兩院通過了新的譴責日本否定慰安婦問題的決議。

2014 年 3 月 5 日，韓國外長尹炳世在聯合國人權理事會發表演講指出，21 世紀的今天，在動盪環境中仍然存在性暴力犯罪並且不斷惡化，這也與未曾解決的歷史問題相關，日軍強徵慰安婦作為性奴隸的問題依舊是沒有解決的問題。這一問題不僅是韓國、中國、東南亞、荷蘭

等受害國家和地區與日本的雙邊問題，還關係到全人類的人權問題。

尹炳世指出，聯合國此前曾在報告中要求日本政府對慰安婦事件負起責任來，採取必要的補償措施並進行正確的歷史教育。20 幾年前日本政府發表的「河野談話」，承認日軍曾強徵慰安婦並對此謝罪，但近期一些日本領導人宣稱，將重新驗證河野談話內容的真實性，甚至有教育領域的高官公開聲稱「慰安婦問題純屬捏造」。這是對慰安婦名譽和尊嚴的再次踐踏，是一種不人道、反人類的行為方式，是對聯合國人權保護機制的正面挑戰。日本政府稱「對針對女性的性暴力表示憤慨」、「開創彰顯女性魅力的社會」，但其做法自相矛盾。

而美國駐韓大使、韓裔美國人金成 2014 年 3 月 6 日在首爾記者中心召開的討論會上，針對慰安婦問題表示：慰安婦問題或曰性奴隸問題，是非常重大的人權侵害。當被問及對尹炳世發言的看法時金成說，他同意尹炳世的發言，並說到目前為止美國在慰安婦問題上的立場一直是明確的。

結語

硫磺島的啟示

2013 年 3 月 13 日，在離東京約 1080 公里的東京都小笠原村的硫磺島上，萬里晴空下飄揚着日美兩國國旗，日美兩國在這裡舉行了共同祭奠儀式。

1945 年 2 月 16 日到 3 月 26 日，日美曾在這裡展開激戰，雙方傷亡慘重。其中固守硫磺島的二萬三千多日軍中，只有 1083 人生還；美軍則有 6821 人死亡，近兩萬人負傷。這是第二次世界大戰太平洋戰場上最激烈的一場戰鬥。

日本方面以外務省政務官若林健太郎為首的政府官員、國會議員、硫磺島協會、戰死者遺屬等 130 人，美國方面以海軍陸戰隊副總司令傑姆‧帕克斯頓、第三海軍陸戰隊遠征軍司令凱尼斯‧古爾克為首的美軍將士及美國硫磺島協會等 140 人參加了祭奠儀式。雙方共同追悼硫磺島戰役中的二萬九千多名戰歿者。

在祭奠儀式上，雙方的遺屬向兩國老戰士共同建立的「光榮重逢紀念碑」獻花。美軍和自衛隊戰士一同向紀念碑莊嚴敬禮。

若林政務官在致辭中說：我代表日本外務省，對於這次戰鬥的戰歿者和各位遺屬表示深深的敬意和哀悼。戰後成為同盟國的日美兩國，為亞太地區乃至世界的和平及繁榮做出了貢獻，日美兩國的相關人士，為了祈念和平同心同德，將進一步推動兩國人

民的友好發展。

在硫磺島戰役中戰歿的原日軍大校、1932 年洛杉磯奧運會馬術金牌獲得者西竹一的兒子、日本硫磺島協會會長西竹泰德說：我們要把銘刻在世界歷史中那戰爭的記憶正確地傳達給後人，並以此作為兩國堅韌的紐帶，為戰爭的慘禍不再發生，為日美兩國的友好親善而竭盡全力。

日本陸軍大將、硫磺島戰役的日本指揮官栗林忠道的外孫、自民黨眾議院議員、總務大臣新藤義孝說：如果不把戰歿者的遺骨全部送回故鄉，就不能說戰爭已經結束。

參加過硫磺島戰役的原美國海軍陸戰隊中將斯諾頓說：對日美兩國犧牲者的尊重要世代相傳。

前來參加祭奠儀式的美國參加過硫磺島戰役的老戰士還把他們保存的當時的戰利品——日本國旗交還給了日本戰歿者的後代。

與會者一一向兩國的戰歿者獻上鮮花，一些與會者的雙眼噙滿了淚水，他們為悲慘的戰爭流淚，也為真誠的和解感動。

這樣的式典幾乎每年都在硫磺島舉行，到 2013 年，已經舉行了 14 次。

這是一種偉大的和解，也是一種深沉的祈願，它通過對戰爭沉痛的回憶，邁進一個至高的理想：生命高於一切，沒有人有權力剝奪他人的生命，不管這種剝奪挾以什麼理由，不管生命屬於哪個階級、種族、國家，不管這生命是國王抑或是罪人和囚徒，

正如諾貝爾文學獎獲得者馬爾克斯所說：「這將是一個嶄新的、燦爛如錦的、生意盎然的烏托邦，在那裡任何人不會被他人決定死亡的方式，愛情真誠無欺，幸福得以實現……」[1]

但是也必須指出，對於美國來說，接受這種和解是比較容易的。在以美日為主要戰鬥方的太平洋戰爭中，美國犧牲的人數僅為約 354523 人，而日本多達 2133955 人，美國是名副其實的勝者。並且戰後日本一直在美國直接或間接的控制之下，這種「居高臨下」的和解，在美國人的心理上是比較容易接受的，而日本人本身就具有無差別祭奠死者的傳統，因此成就了美日在硫磺島的和解。

但是對中國和其他亞洲被日本侵略的民族來說，如此的和解有一定的難度。以中國為例，在抗日戰爭中，約有二千二百萬的中國將士和民眾在日本侵略者的鐵蹄下喪生，而日本的死者僅為 44 萬 6500 人。中國作為被侵略民族，付出了巨大犧牲，僅僅這種數字的對比，就使中國人難以接受美日「硫磺島式和解」。更有甚者，日本政治家和高官，多次站出來否定南京大屠殺等日軍在華暴行，使中日在歷史問題上的和解，變得更加艱難。

現在的安倍內閣和自民黨內，有很多高官打着「脫自虐史觀」的旗號，否定日本在中國的戰爭暴行。如自民黨政務調查會長稻田朋美就公開否定南京大屠殺的存在，宣揚東京審判是「非法的，無效的」。

2012 年 2 月 20 日，南京市人民政府赴日代表團與日本名古

屋市市長河村隆之會談時，河村隆之認為南京事件（即中國方面所稱「南京大屠殺」）未發生過。

2012 年 3 月 6 日，由日本新歷史教科書編撰委員會發起了名為「支持『河村發言』、擊退『南京屠殺』的虛構國民集會」，稻田朋美趕去聲援，在集會上，她公開宣稱「沒有發生過南京大屠殺」，這也是她一貫的觀點。

2014 年 2 月 3 日，安倍任命的日本廣播協會經營委員百田尚樹在公開演講中稱，1938 年蔣介石曾宣傳「日本軍隊實施了南京大屠殺」，但世界各國對此無視，原因在於根本不存在南京大屠殺。戰後，南京大屠殺在東京審判中如亡靈般出現，這是因為美軍為了抵銷自己所犯的罪行。

而南京大屠殺的存在，無論在歷史上還是在現實中，都是世界公認的事實。就是在日本國內，雖然在被屠殺的人數上有不同見解，但在存在過大屠殺這一點上，是大多數學者的共識。

在日本的南京大屠殺研究中，大致劃分，有以本多勝一[2]、洞富雄[3]、笠原十九司[4] 等為首的「大屠殺存在派」；以秦郁彥為首的「中間派」和以鈴木明[5]、東中野修道[6]、田中正明[7] 等為代表的「不存在派（幻影派）」，而我們看一下被中國年輕人稱為「右翼」的「中間派」歷史學家秦郁彥的話，也許會對日本研究南京大屠殺的現狀有一定的了解：

> 看一下所謂「大屠殺存在派」和「幻影派」的論爭，讓人覺得他們沒有做出明確的定義，論點也完全無法咬合在一起。

使洞富雄將「不存在派」定義為「幻影派」的，是鈴木明所著的《「南京大屠殺」的幻影》（文藝春秋，1973年）一書，但是一讀這本書才知道，鈴木明明確斷定為「幻影」的，僅僅是「百人斬」[8]的傳說，而對於日軍全面的暴行的存在沒有否定，而且一般來説是肯定的。

就是説，這本書的內容和書名是不同的，如果書名改為《「南京大屠殺」中有一部分是幻影》，就有可能避免誤解。本是一部力作，但是在這一點上令人惋惜。

被中國批評為「騙人之書」（見《世界知識》，1985年8月7日號）的田中正明的《「南京屠殺」的虛構》（日本文教社，1984年），也同樣近於「掛羊頭賣狗肉」。如果看到這個書名，然後再看渡部昇一[9]充滿結論性的推薦文──「如果讀了此書，今後還繼續説有所謂『南京大屠殺』的人，也許只好給他打上『名副其實的左翼』的烙印」，那麼性急的讀者也許會馬上得出南京大屠殺全部都是「虛幻的空中樓閣」的結論。

可是，如果真的讀完這本書，「一部分魯莽的士兵的暴亂」（頁80），「日軍中也有軍紀鬆弛的現象，搶劫、暴行、強姦等在掃蕩前後也許發生，這一點我並不否定」（頁189）──如此充滿矛盾的記述到處可見。而他一方面説：「如果説如此血腥的大慘劇連日進行，那麼為什麼多達120人的從軍記者和特派員、攝影記者沒有一個人看到呢？甚至沒有一個人聽到這樣的傳聞」（頁241），一方面同盟社記者前田雄二談論目擊殺死俘

虜的場面又在書中登場。

到底誰以什麼理由殺了多少人，才算「屠殺」或「大屠殺」？鈴木和田中都在沒有作出明確的定義的情況下論及「幻影」與「虛構」，只能使讀者的頭腦混亂。

……

日本在滿洲事件以來，對中國侵略十幾年，包括南京事件在內，給予了中國國民莫大的痛苦和損害，這是嚴峻的歷史事實。但是儘管如此，中國在第二次世界大戰結束後，對百萬以上的日本兵和滯留日本人不進行報復，允許將他們送回故國。在昭和四十七年（1972年）日中邦交正常化之際，對於日本準備支付的戰爭賠款也不索求，如果是知道這些事實的日本人，對於這兩項「負債」是決不能忘記的。

也許是忘記了這些，有些輕率的人不惜篡改第一手史料（也許是指田中正明篡改松井石根日記，本書作者註），硬說「不存在南京大屠殺」，並拿出中國政府堅持的象徵性數字「30萬」或「40萬」來論是非曲直。如果美國的反日團體展開運動，說日本教科書中出現的原子彈爆炸死難者人數（至今實際數字仍然不明確）「過多」，「是虛幻」，日本的被害者會怎樣想呢？

即使對於數字的幅度有諸種說法，但是在南京，由日軍製造的大量的「屠殺」和各種不正當事件是不可動搖的事實。我作為一個日本人，衷心向中國人民道歉，而且確信如果沒有這

樣的認識，就不會有今後的日中友好。[10]

　　秦郁彥是為日本保守勢力信任的歷史學家，現在也深受安倍晉三首相為首的保守勢力信任，對於他的史學觀點，筆者未必全部贊同。但是作為一個對南京大屠殺問題有着深入研究的「中間派」史學家的見解，可以使我們管窺這樣的事實：就是極力想否定南京大屠殺存在的人，也會在嚴峻而難以動搖的歷史事實面前，不得不「掛羊頭賣狗肉」，在否定南京大屠殺的題目之下，不得不承認屠殺的事實。而那些身居高位的政治家至今還堅持否定南京大屠殺的觀點，不是別有用心就是對歷史的無知。

　　而在中日之間，否認歷史事實將成為中日實現日美「硫磺島式」和解的最大障礙。

回到日本神道的原點

　　靖國神社包含着矛盾，在普通的日本人看來，它是傳統的，但是在普通的被侵略民族的人們來看，它是侵略的象徵。戰前，

靖國神社由軍方管理，使它具有了戰爭神社的性質；戰後，由於松平永芳出於明確的推翻東京審判的歷史觀，合祀了甲級戰犯，就更加凸顯了它的矛盾。每年 8 月 15 日，否定東京審判，主張「日本進行的戰爭是為了把亞洲從白人殖民者手裡解放出來」等橫幅和反美、反韓、反華的標語、口號都會在靖國神社出現。

靖國神社的這種現象，必然會深深刺激亞洲被侵略民族的感情，這種政治目的的羼入和非現代的歷史觀，必然會激發出一種「屈辱情結」和「戰敗情結」。

首先就是被侵略民族的「屈辱情結」和「戰敗情結」。靖國神社內甲午海戰的浮雕，不能不使中國人想起《馬關條約》的喪權辱國；陳列有約十萬件武器、軍服等戰爭遺物的遊就館，不能不使韓國人再次體驗被日本「合併」那國破家亡的慘痛。

其次，它也必然喚起潛藏在日本人內心深處的「屈辱情結」和「戰敗情結」。每年 8 月 15 日，日本在二戰時的陸海空三軍幾乎都在這裡「再現」，軍號嘹亮，戰歌震天，回憶「武勇」，以抗衡內心深處的戰敗記憶。

而日本和被侵略民族的「屈辱情結」和「戰敗情結」，每年都在這裡交鋒、對立，使日本與亞洲之間做出「硫磺島式的和解」愈發艱難。

靖國神社，發軔於日本的神道傳統，但也是被狹義化的日本神道傳統。小泉純一郎說過：「對於死者難道要做這樣的區別嗎？」但是靖國神社對於「祭神」卻是區別的，站在天皇軍隊反

面的人不能進靖國神社，因逃離天皇軍隊而被軍事法庭處死的人不能進靖國神社，在原子彈爆炸中喪生的平民不能進靖國神社，在美軍轟炸時死去的人也不能進靖國神社……

這種狹義化的神道傳統，使日本的神道傳統以一種分裂的形態展示在世界各國人民面前，成為日本與亞洲和解的巨大障礙。這種分裂，有時會演化成現實中的悲劇。

作家陳舜臣先生在他的《日本人和中國人》中，講了一個悲哀的故事：

> 這是一個較為古老的故事，是明治時代的事情。我父親的一個朋友，在荒涼的山上建立了別墅，並建立了高爾夫球場，使這裡的土地得以開發，變得繁榮起來，當地的人們為了感謝他，為他建立了紀念碑。但是太平洋戰爭爆發後，政府的人認為這個人是英國人，為敵國人樹紀念碑真是荒唐之極，於是帶着石匠去把這個紀念碑砸了個粉碎。
>
> ……
>
> 這個人在當時是非常有名的，說起他的名字，也有很多人知道，他就是六甲山的開山之祖古爾姆，在明治維新的時候，作為古拉博商會的掌櫃來到日本。他是一個狂熱的日本「粉絲」，他娶日本女人為妻，絕不教自己的孩子英語，都讓他們去日本學校讀書。孩子們如果穿洋服，他就會氣得滿臉通紅，他的女兒只好在爸爸不在的時候，悄悄地穿洋服。最後他加入了日本國籍。就是這樣的人，也因為他是英國血統，砸掉了他

的紀念碑。而他的「開山之祖」的紀念碑被砸的時候,他已經死了 30 年了。"

　　這種在近代日本以前難以發生的事情發生在太平洋戰爭時期,不是偶然的,這與日本神道傳統的狹義化有直接的關係。

　　而築波藤麿建立鎮靈社,正是克服靖國神社與傳統神道的矛盾,克服靖國神社對傳統神道的狹義化的一種努力,因為它祭奠「為了對因明治維新以來的戰爭和事變而死去但是並未供奉在靖國神社內的人們進行慰靈,在昭和四十年(1965 年)7 月建立,同時還供奉着世界各國的戰死者。」築波藤麿的動機似乎很明顯,那就是靖國神社再加上鎮靈社,就可以使靖國神社回歸日本傳統神道的「死者一如」之中。

　　我們前面提到過,最澄在延曆十六年(797 年)十二月開始奉職於皇宮中的內道場,他用來超度亡靈的〈長講法華經先分發願文〉中,他不僅超度當時日本含恨而死的怨靈,而且也超度「一切橫死靈。及以凶奴等,結怨橫死者,西戎諸將軍」,「一切鬼龍等,及魑魅魍魎」。

　　但是鎮靈社在日本一直被忽視,2013 年 8 月 15 日筆者去靖國神社採訪時,通往鎮靈社的道路被靖國神社用繩子封鎖,禁止接近與參拜,從鎮靈社建成以後,除安倍以外,沒有見到過有其他的日本首相和閣僚去參拜過。小泉純一郎首相在 2002 年參拜後發表感想時指出,追悼對象是「在明治維新以來的我國歷史

中，迫不得已離開家人，為了國家而獻出生命的所有人。是為了國家做出寶貴犧牲的人們」。而供奉在鎮靈社內的「世界各國的所有戰死者和在戰爭中死去的人們」並沒有包括在內。

如果靖國神社能夠繼承並發展築波藤麿的遺志，將在鎮靈社裡供奉的人們和靖國神社裡供奉的人們進行平等供奉，那麼就可以回到日本神道的原點，開拓出與亞洲人民進行真正的文化理解與文化和解之路。

中日生死觀及歷史觀互為解毒劑

儘管靖國神社本身存在着種種矛盾，存在將傳統神道狹義化的問題，但是大多數日本普通民眾不會去做詳細的資料調查和學術研究。他們大多數是用傳統的神道感覺，即「死者一如」的感覺去參拜靖國神社的，就是首相也是如此，特別是在靖國神社供奉着約二百四十萬名從戊辰戰爭以來在歷次戰爭中為日本政府戰死的人，而經過一百多年來的繁衍，屬於靖國神社遺屬的人數超過千萬。不管它建立的初衷如何，它的存在已和日本人的感情血

肉相連，隨着時代的流逝，靖國神社的被供奉者成為日本人「共同的祖先」的成份也就越來越大，即使有個別人對靖國神社進行了政治上利用，但是它所引起的也必將是中日在政治與歷史觀上的對立而演變出的民族感情和民眾心理上的普遍對立，而要超越這種對立，兩國政治家與民眾努力去理解對方的文化與生死觀是十分重要的。

首先，日本傳統的「怨靈祭奠」、「死者無罪」、「死者即佛」的生死觀，以對死的全方位的肯定，消解仇恨，召喚和解，啟迪慈悲，同時，由於對死的尊重與昇華，也使歷史得到尊重與昇華。

黑格爾曾提出一個非常有名的哲學命題：「凡是現實的都是合理的，凡是合理的都是現實的。」而日本人的歷史觀似乎可以概括為「凡是歷史都是合理的」，他們忌憚去抨擊死者，忌憚說死者的壞話，而歷史是人造就的，因此可以說，日本人也忌憚抨擊歷史和否定歷史，他們似乎永遠把歷史看成現實的一部分，因為沒有歷史也就沒有現實。他們永遠把祖先看作自己的一部分，他們認為，說先人不好，其實就是說自己的不好。以小泉純一郎為首的日本人，在參拜靖國神社的時候都說：「今天的和平，是建立在他們的犧牲之上的」，這話在外國人看來，不能不覺得不可思議，如果這話說給明治維新的志士，還可以講得通，但是用在因發動侵略戰爭而死的人的身上，似乎就很難說得通了。因為現在自由、民主的日本，是戰敗後在美國主持下，清除了軍國主

義統治後建立起來的，是用武器與思想，徹底否定了軍國主義發動的侵略戰爭後才建立起來的，它應該是完全與戰前軍國主義對立的存在。

但是在日本人看來，這是戰前歷史的一種延續，不論戰死者曾站在哪一方，他們都是為今日而戰。今天和平的花朵，就是他們的鮮血染成：明治維新的反叛者西鄉隆盛的銅像在上野公園的爛漫櫻花中傲視人間；抗擊政府軍的白虎隊在日本人心目中百世流芳……在肯定死者的同時也肯定了歷史，這種生死觀和與這生死觀緊緊相聯的歷史觀，使日本在歷史上雖有生死搏殺卻沒有易姓革命，雖有政權嬗變卻仍保留萬世一系的皇統。

日本也許是將歷史及其歷史的凝結物 —— 文物保存得最好的國度，它所精心呵護的歷史，不僅是日本的，也是中國的，世界的。法隆寺是日本最早被定為世界遺產的古蹟之一，它不僅是日本的，也是東方文明的代表，更是世界文化的財富，它是世界上最古老的木結構建築。[12]

而在中國唐代高僧鑒真和尚曾設授戒壇的東大寺的正倉院裡，則保存着世界的瑰寶。

天平勝寶八年（756 年），聖武天皇駕崩，光明皇后在舉行49 天的法會之後，將天皇日常用品及珍藏物品交東大寺保管，東大寺把這批遺物收入正倉院。此後，諸如東大寺大佛落成儀式等使用過的各種物品及信徒捐獻物等，也收入正倉院。這裡的收藏品數量大，種類多，其中包括日本製品、中國（唐朝）及西域、

波斯等地的繪畫、墨跡、金屬工藝品、漆、木工藝品、刀劍、陶器、玻璃製品、樂器、面具、古代藥品和歷史文書，可謂集古代工藝美術精粹之大成，也被稱為絲綢之路東方的終點。

日本戰前的政治家、史論家竹越與三郎曾談起過他在戰前同一位中華民國外交官的交往。這位外交官曾對他說：無論在中國還是日本，人們在用手指指示方向時，都是用食指這一根指頭。但是在中國的人物畫中，畫中人物卻經常用食指和中指兩個指頭指示方向。我曾問過一個畫家：為什麼你要把中指也一塊畫上去呢？這個畫家答道：也沒有什麼特別的緣由，從古到今就是這樣畫的，我只不過是遵從這個習慣而已。後來我作為外交官來到日本，得到在宮中觀看雅樂[13]的機會，多年來的疑問竟然一下子解消了。以前我就聽說日本的雅樂保留着唐代音樂舞蹈的原本形態，果然不錯，無論衣冠、劍、鞋，還是舞劍揮矛的動作等等，都保持着唐代風俗的原汁原味，這使我非常驚訝。而且我還看到那舞人是把食指和中指並在一起指示方向的。我不由地一拍大腿：原來用兩個指頭指示方向是唐代的風俗！中國的畫家雖然把這種姿態畫在了畫上，但是並不了解其中的緣由，我要是不來到日本並看到宮中雅樂，恐怕一輩子也不會明白這箇中奧秘。

現在，宮內廳的雅樂演奏只在春秋演奏兩次，而且只有秋天那一場一般人可以申請觀看。而廣島縣宮島的嚴島神社每年多次演奏舞樂，也就是帶有舞蹈的雅樂。嚴島神社的舞樂表演，有身着紅衣彩褲，戴着金色假面的演員上台表演，他們現在都是食指

和中指兩個指頭指示方向，保持着唐朝的原汁原味。

日本「凡是歷史都是合理的」的歷史觀，使日本和世界的歷史文化瑰寶在這裡受到精心呵護，並化作文化生產力，在增加日本的文化魅力的同時產生了源源不斷的旅遊與文化交流的經濟效益。「凡是歷史都是合理的」的歷史觀也從歷史延伸到歷史的源泉——為文化提供素材和能量的自然，使日本成為世界保護環境，治理公害的模範。

當然，日本「凡是歷史都是合理的」的歷史觀，也使日本背上了沉重的歷史包袱，每一次否定過去的歷史都是一次痛苦的掙扎。戰後，不僅有甲級戰犯出任閣僚，而且還有人擔任過首相，歷代閣僚中美化日本侵略戰爭的發言接連不斷，就是現在的首相安倍晉三，也對日本的侵略歷史持有一定的肯定態度。

在教科書問題上也是如此，戰後德國的教科書制度跟日本大同小異，兩者都是由民間作者按政府的指導大綱編寫，經官方檢定合格後，由地方與教育部門從合格教科書的選取。但是從 1980 年開始，日本淡化和美化侵略戰爭的教科書不斷出籠，並因此與中國及韓國等糾紛不斷。

一個民族的生死觀和與此相聯繫的歷史觀總是有正反兩個方面的要素，中國也是如此。中日兩國在生死觀和歷史觀上應該改變彼此對立的局面，互補和取長補短，並互為「解毒劑」。如日本的「怨靈祭奠」、「死者即佛」的生死觀和「凡是歷史都是合理的」的歷史觀，不僅使其能完整而精心地保護和發揚傳統文化中

的瑰寶，也由於它在血腥的戰爭之後召喚和解的文化人類學上的功能，而避免了民族的分裂與復仇的連鎖，也使民族文化得以傳承。出現了從平安時代的弘仁元年（810年）到鎌倉時代的保元元年（1156年）的347年之間停止了死刑執行的奇跡，甚至解散了常備軍。而由於「怨靈恐懼」的傳統，歷朝歷代在消滅政敵後都忙着為政敵修墓慰靈，還經常優待政敵的子孫與後代（參見上文的「日本的四大怨靈」一節）。這樣，日本歷史上雖然也有許多戰亂，但是由於其生死觀、歷史觀與文化傳統的獨特性，避免了中國改朝換代時在否定前朝的「易姓革命」中對前朝「禍滅九族」式的清算而帶來的巨大動亂與文化破壞，而且更重要的是在如此歷史觀之下，日本保存了文化精髓的傳承集團──萬世一系的皇室，使優秀的文化傳統在動亂與戰火中得以代代相傳，一脈相承，香火永續。

而中國固有的「死者有罪」、「蓋棺論定」等生死觀在歷史觀中也有所體現。在中國人看來，歷史中的善惡涇渭分明，因此當一個王朝由於實施「惡政」而面臨改朝換代時，其後人幾乎都會遭到在「除暴政，承天意」的「大義名分」下的大規模清洗和清算。中國朝代更迭之時，末代皇帝幾乎都死於非命；殷紂王於鹿台自焚；周幽王死於犬戎兵刀下；秦二世胡亥被逼死在望夷宮；漢獻帝被曹丕逼迫退位，鬱悶而死；唐哀帝被朱晃毒死；唐末、五代，前後八十年，前後58個皇帝，就有42個死於非命；而宋帝昺年僅九歲就葬身大海；明崇禎帝在煤山自縊身亡……

而且還有秦始皇焚書坑儒、項羽火燒阿房宮、北周武帝滅佛、文化大革命「破四舊」等大規模的文化破壞運動，使文化的承傳與保存受到了沉重的打擊，也使其物質與文化的生產力受到了巨大破壞。

但是在這樣的中國文化精神中，也包含着「民可以載舟，也可以覆舟」的革新與民主精神，使中國歷史上的帝王不得不以史為鑒，居安思危。即便貴為皇帝，也必思勵精圖治，仁政治國，而驕奢淫逸，平庸怠惰，殘暴不仁的君主，不僅生前有遭遇「易姓革命」的危險，身後也必遭千古罵名。

一種對自己的歷史不進行反省和批判的文化，將難以為自己不斷開拓嶄新的未來。因為任何一種文化在其發展的過程中都會受到當時的自然環境、國際環境、生產力水平、群體心理模式的影響產生各種各樣的「文化病」。這種「文化病」不僅會極大地阻礙文化本身的發展，而且還會侵蝕文化得以存在的根源。歷史批判精神對一個民族來說是十分重要的，這是一種否定，一種揚棄，一種再生。中華文化之所以完成一種具有強大影響力的文化模式，輻射亞洲，影響世界，就是因為她能永遠在對自身黑暗的批判中啟迪新的朝陽，永遠能在對歷史的否定中讓新的時代誕生，「沉舟側畔千帆過，病樹前頭萬木春」，她永遠在「否定之否定」的起伏與曲折中上升、騰飛，完成一次又一次鳳凰浴火與鳳凰涅槃。

但是，過分地不尊重自己的歷史文化也無疑是對源遠流長、

生生不息的文化資源的最大浪費。一次又一次的文化浩劫會使一個民族面目全非，發生主體性的缺失和文化傳承的破壞性斷裂及同一民族的過度骨肉相殘，使其在一片廢墟上失去故鄉：「孩子找不到家，游魂找不到墳」，他會感到「和諧」這一生存特徵的消失，感到了被逐出樂園的孤苦。他成了流浪漢，他必須不斷地向自己說明自己，說明「我是誰」這個千古難題。沒有昨天的依托，明天永遠是一個痛苦的疑問，以致多次迷失，誤入歧途。他被驅策着去克服這一內在的分裂，他渴望一種和諧與和解，與歷史，與昨天，與同伴，與祖先，與自身，並為此上下求索，痛苦萬分……

這正是中日文化各自所抱有的不同的歷史焦慮，但是如果虛心面向對方，抱着「他山之石，可以攻玉」的客觀與真誠的態度擁抱對方，中日文化完全可以取長補短，互相砥礪，以達到互相解毒。

對立多來源於抱守殘缺，爭執多出自一葉障目，「和實生物，同則不繼」，只有求同存異；解讀他人，反省自己，方能恍然大悟。

各種民族，各種文化都有長處和短處。但是無論是誰，可以去痛恨、咒罵一個政府、一個集團和一些政治家，但是不能去痛恨、咒罵一個民族，不能去痛恨、咒罵一個民族的文化。因為一個民族不論有過怎麼的迷狂和錯誤，它的最深的、最基本的底流一定是美的。可能有的時候，我們覺得某個民族做了許多壞事，

但是我們應該看到，這是一個民族被壞政權綁架，任何一個暴虐的政權在一個民族的歷史上都不會長久，這說明，任何民族，自身都有一定的自我更新、自我排毒的能力，因此可以說，任何民族最終的嚮往都是美好的。

民族與民族文化沒有優劣之分，在同一時間裡，一個民族興盛了，一個民族衰落了，但是在歷史長河中，一直興盛的民族是沒有的。地跨亞、非兩洲的埃及，現在在經濟上並不十分發達，但她是舉世聞名的四大文明古國之一，那距今約四千五百年歷史的神秘莫測的金字塔和獅身人面像司芬克斯，那天外飛仙般的巨大壁畫和撲朔迷離的象形文字，堪稱人類文化史上的奇跡。如在唐代的時候中國興盛了，但是日本並不發達，中國是日本的老師；近代日本發達了，在中國現代化的過程中成了中國的老師。

一個民族，是她的歷史與現實及文化的總和，我們沒有理由根據她的現在去否定她的過去與將來，也沒有理由根據她的過去否定她的今天。

一個民族，只有懂得了尊重其他民族時才真正開始了找回尊嚴的歷程。

對於本民族的文化抱有一定的批判精神，可以促進自身文化的更新。而解開異民族、異文化的鑰匙，只能是理解和尊重。中國有我不喜歡的人，日本也有，但是當我面對的是一個整個民族和種族時，我的態度只有一個，那就是尊重，並且永遠。

註釋

1　馬爾克斯：《百年孤獨》，黃錦炎、沈正國、陳泉譯，上海譯文出版社，1989 年，頁 v。

2　本多勝一（1932-）：日本作家，出生於日本長野縣。

3　洞富雄（1906-2000 年）：日本歷史學家，專攻領域為日本史，以南京大屠殺研究的先驅為人所知，生於長野縣。

4　笠原十九司（1944-）：日本歷史學者，專攻中國近現代史。

5　鈴木明（1925-2003 年）：本名今井明夫，日本作家。

6　東中野修道（1947-）：日本歷史學者，亞細亞大學法學系法律專業教授。

7　田中正明（1911-2006 年）：生於日本長野縣下伊那郡喬木村，曾經擔任松井石根的秘書，《南信時事新聞》主編，拓殖大學講師，日本阿拉伯協會常任理事。戰後被判為丙級戰犯。他是否定南京大屠殺一派的主要人物，曾著有《南京大屠殺的虛構》等書。他曾編纂松井石根的日記成書《戰中日記》，但因大量篡改、粉飾或刪除日記內容達幾百處而遭笠原十九司、秦郁彥等人批評。

8　百人斬：當年《東京日日新聞》、《大阪日日新聞》、《大阪朝日新聞》等許多報紙報道：1937 年 11 月底至 12 月 10 日，兩名日本軍官向井敏明少尉和野田毅少尉在日軍從上海進攻南京直至南京大屠殺前夕途中，進行了以先殺滿 100 個中國人者為勝的競賽。最後斬殺了 106 人的向井敏明勝過了斬殺 105 人的野田毅。2003 年 4 月向井敏明、野田毅的遺

屬向井（田所）千惠子、野田馬薩等人向日本東京地方法院提起訴訟，控告《朝日新聞》、《每日新聞》（原《東京日日新聞》）、柏書房、本多勝一等當年的相關報道是屬於毀謗名譽行為。2005 年 8 月 23 日，日本東京地方法院宣判不支持原告訴訟，駁回了原告方的賠償請求。原告再上訴日本東京高等法院。2006 年 5 月 24 日，日本東京高等法院二審駁回向井（田所）千惠子、野田馬薩等人的上訴要求。原告再上訴最高法院。2006 年 12 月 22 日日本最高法院駁回向井千惠子等人的上訴要求。確定原告敗訴。

9　渡部昇一（1930-）：日本英語學者，評論家，上智大學名譽教授。

10　秦郁彥：《南京事件》，中央公論社（『南京事件』、中央公論社），1986 年版，頁 184-185。

11　陳舜臣：《日本人和中國人》，集英社（『日本人と中國人』、集英社），1984 年，頁 151-152。

12　奈良的法隆寺現存建築大多創建於公元七世紀初飛鳥時代，當時正值中國隋唐交際，但由於文化傳播的非共時性，法隆寺在風格上直接承襲南北朝建築的傳統。以回廊環繞佛寺的主角——金堂與五重塔式建築，是中國最古老的佛寺建築形式，這和後世佛寺採取的中軸線左右對稱的伽藍七式截然不同，在中國，這樣的佛寺建築已經很難發現。

　　近代日本學者曾說研究中國唐朝及以前的木結構建築只能去日本，使當時的中國建築家梁思成很受刺激，他帶着妻子和學徒們歷經艱險四處尋訪，終於在五台山偏僻地區發現了兩座唐朝的木構建築——佛光寺和南禪寺。但更早的木結構建築卻只能是日本的法隆寺了，因此梁思

成也對法隆寺充滿了敬意。

梁思成從小在日本生活了十多年，對日本的古建築情況十分了解。有一次他從報紙上看到一則消息，報道日本千年古剎法隆寺金堂被火燒燬了，他格外惋惜。當日本友人、松山芭蕾舞團創始人、建築家清水正夫來華訪問，他見到梁思成時，梁迫不及待的問法隆寺是否完全燒燬了，有無修復之可能。清水正夫答道：尚可修復，梁思成這才放下心來。

13 雅樂：原指在日本飛鳥時代（593–710 年）根據當時的《大寶律令》創
　　設的「雅樂寮」中所收藏和管理的外來音樂和舞蹈。現在所說的「雅
　　樂」，在狹義上還和古代相同，而在廣義上則是指日本古代的音樂和舞
　　蹈及平安朝時代新創作的歌曲。從雅樂寮建立開始，雅樂一直以原有的
　　形態綿綿不斷傳承了一千二百多年，現在是由宮內廳式部職樂部管理，
　　職樂部中現存的合奏音樂為世界上最古老的音樂。而那位文中外交官所
　　看到的，一定是原來的雅樂寮中所收藏的唐朝的樂曲和歌舞。